6~12岁孩子的
正面管教

杨颖 编著

四川美术出版社

图书在版编目（CIP）数据

6～12岁孩子的正面管教／杨颖编著．—成都：四川美术出版社，2021.4

ISBN 978－7－5410－8878－0

Ⅰ．①6… Ⅱ．①杨… Ⅲ．①小学生－家庭教育 Ⅳ．①G782

中国版本图书馆 CIP 数据核字（2019）第 213554 号

6～12 岁孩子的正面管教

6～12 SUI HAIZI DE ZHENGMIAN GUANJIAO

杨颖　编著

责任编辑	秦朝霞　刘珍宇
责任校对	田倩宇　陈晓菲　佘雅容
排版设计	松　雪
出版发行	四川美术出版社有限公司
	（成都市锦江区金石路 239 号　邮政编码：610023）
印　　刷	三河市众誉天成印务有限公司
成品尺寸	208mm×143mm
印　　张	6
字　　数	136 千字
图 幅 数	12
版　　次	2021 年 4 月第 1 版
印　　次	2021 年 4 月第 1 次印刷
书　　号	ISBN 978－7－5410－8878－0
定　　价	36.00 元

企业官方微信公众号

前　言

　　6～12岁，是孩子人格、品质、行为方式形成的关键时期。这一时期，孩子的可塑性非常强，如果给他传递乐观、勇敢、有礼貌、知识无价、人生美好等关键词，那么这些优良的品质与思想，就会伴随孩子的一生；如果此时将狭隘、自私、消极等关键词输入孩子的大脑，那么在以后，这些不良的品质与思想将很难改变，也必将伴随孩子的一生。

　　随着社会竞争的日趋激烈，所有父母都希望能够养育出优秀的孩子。遗憾的是，不少父母对如何教育孩子越来越感到力不从心。有的父母，当感觉孩子越来越难教，越来越不"听话"时，他们的"管教"方式就升级了——呵斥、打骂、冷暴力等，结果可想而知，越是吼叫打骂，孩子越是远离父母的希望，甚至还产生抵触心理，变得越来越叛逆。

　　为什么父母们用心良苦、付出颇多，教育的结果却与初衷背道而驰呢？究其原因，就在于父母没有真正走进孩子的心，没有抓住孩子在6～12岁这一关键期的心理特点和思维方式，从而导致了事与愿违的结果。

　　本书提出正面管教的理念，旨在帮助父母走进孩子的心，从而"对症下药"，对孩子施以正确的、有效的教育，这样才能培养出卓尔不群的孩子。

本书共分六章，从分析 6～12 岁孩子的心理特点入手，以实际案例和方法相结合的方式，指导读者从心态、品德、情商、思维、自律等方面如何采用正面管教的方法来教育孩子，同时还阐述了孩子进入青春期前后的管教方法。书中每章后还附有家教题目，帮助读者反思自己在养育孩子中的得与失。

最后，衷心祝愿所有父母都能做有智慧、有方法的父母，每一个孩子都能得到良好的教育，都能健康、快乐地成长。

2021 年 2 月

目　录

目录

第一章

6～12 岁，孩子成长道路上的关键期

孩子迷茫，你知道吗

在孩子 6～12 岁的时候，会面对他们人生中的两件大事：一件是离开幼儿园，进入小学开始系统地学习文化知识；另一件就是小学升入初中，面临第一次与同龄人之间的竞争。 在这两个时期，孩子都是刚入学或者是即将进入一个新的学习阶段，压力会突然增加。 而在压力增大的同时，心理就会出现变化，部分孩子对未来的生活充满迷茫和恐惧，这种迷茫和恐惧往往会通过一些异常的行为表现出来，比如不想上学、沉迷网络等。

下面我们分别来看一下这两个阶段孩子的心理压力都来自哪些地方。

6 岁是孩子进入小学的年龄，孩子们将要开始面对一个全新的环境，他们不知道这个环境会给自己带来什么，而自己又能对这个环境产生什么样的影响，所以容易产生害怕和迷茫的感觉。

从幼儿园踏进小学的校门，对孩子和家庭来说都是一件大事。 很多家长会在孩子入学那一天准备一桌好吃的来庆祝孩子的成长。 但是从孩子的角度来说，他们的生活发生了翻天覆地的变化，除了有上学的兴奋，还会逐渐感受到学习和其他同学带来的压力，生活一下子变得紧张起来。如果你去问年幼的孩子上学有什么感受，他们的反应大多数是"累"。

如果上小学前孩子没有做好心理以及生活习惯上的准备，那么他们很难一下子爱上校园生活。对这个年龄段的孩子来讲，他们表现自己压力的方式可能是"逃学"。他们上学之前会大声哭闹，不愿离开父母；或者是突然"生病"，很多家长可能会以为是孩子装病，但是除了装病之外，孩子的确可能会因为心理上的压力产生身体不适。所以当父母发现孩子上学之后变得体弱多病或者情绪低落，就要及时与孩子沟通，多谈谈学校里发生的事情，引导孩子把对学校的看法说出来，同时父母还要多向孩子传递学校的正面信息，比如和蔼的老师、可爱的同学以及优美的校园环境等等。

对于 12 岁的孩子来说，他们最大的压力来自"小升初"的竞争，同时，这时候的孩子大多已经进入了青春期，心理压力和生理上的变化都会让他感到困惑和忧虑；这时候的孩子所承受的压力更是显著。又因为此时孩子的行为能力和思维能力得到了进一步的提高，所以他们逐渐有了自己的思想，会产生一种想要脱离父母的心理状态；而对于父母来说，此时孩子能够自己照顾自己的生活，所以对孩子的关心程度很明显不如幼儿时期。这两方面原因叠加，最终造成的结果是亲子沟通的时间越来越少。甚至有时候孩子鼓足勇气向父母求助，却被父母批评为撒谎、懒惰、没有上进心，这就会使孩子更加迷茫，同时心里更觉得压抑。

现实中很多这个时期的孩子迷恋网络、不喜欢回家，这种行为实际上是孩子牺牲了自己的成长来向父母抗议，同时也是一种很强烈的求救信号。 不过当孩子使用这种信号来求救的时候，父母再开始重视孩子的心理，就有些晚了。

其实只要父母在平时多多关注一下孩子的行为，就很容易发现孩子的"求救信号"，然后要寻找合适的机会和孩子交流，对症下药，帮助孩子减压。 另外家长还要委婉地为孩子指引今后要走的方向，不要总是指责或是训斥，而是要不断地鼓励孩子、支持孩子。

做孩子的灯塔

　　安安今年6岁了，在幼儿园的时候是个活跃分子，每天都有说有笑、蹦蹦跳跳的。妈妈原本以为这样的孩子进入小学一定会很快适应环境，但是却没想到只上了两个星期小学，安安就像变了一个人一样，每天安安静静地不再说话，父母跟她说话的时候她也总是心不在焉。妈妈以为孩子在学校出了什么问题，就给班主任打了个电话，班主任说："没发现什么异常，安安是个很文静的女孩子。"放下电话，妈妈觉得很奇怪，难道上学能够改变人的性格吗？后来经过仔细询问，妈妈才知道原来安安觉得周围的同学很陌生，不喜欢和他们说话。妈妈这才知道，原来孩子有这么大的心理压力。

　　一个人在特定的环境中生活时间长了，这个环境就会成为他的一部分，环境中物品的组合方式、自己与周围人之间的关系都成为生活的一部分，这种情况就是我们常说的"同化"。孩子离开幼儿园来到小学，不仅在环境上有很大的改变，而且小学对孩子的培养重点和要求也会让他们产生很大的改变，这是一个较大的跨度，适应起来比较困难。为了避免孩子在这个阶段产生迷茫，家长应该做孩子生活和学习中的灯塔，把他引导到正确的航向上来。

其实对于孩子如何适应小学的问题，最好是提前引导孩子适应小学生活，让孩子在入学之前就对校园生活有个初步的认识。

1. 逐步改变孩子的作息时间

学校有自己的制度和计划安排，所以要求孩子不能迟到。孩子通常需要早上 7 点之前就起床，因此为了保证孩子充足的睡眠，父母要让孩子提前上床睡觉，而不是像上幼儿园的时候一样让孩子比较灵活地安排时间。

2. 提前带孩子到学校参观、熟悉环境

开学前，父母可以带孩子到学校参观，让孩子认识上学的路线，然后告诉他学校的一些设施和活动场所，并且给他描述在教室上课的情况与课外活动的种种乐趣，逐步让孩子熟悉环境，对学校产生好感。

3. 利用孩子提出的问题让他对学校产生向往

孩子总是喜欢提出各种各样的问题，家长在给孩子解答的时候可以说："你问的问题越来越有深度了，妈妈也不完全懂，等你上学了，老师会告诉你的。""到学校上学，你会学到很多知识。"这样孩子就会对上学产生兴趣，并且在脑海中形成一个初步的概念。

4. 培养学习兴趣

爱玩是孩子的天性，贪玩并不奇怪，所以父母不要惊慌，而是要开动脑筋把玩和学习联系起来。学习形式多种多样，当孩子不肯读书时，可以找几个小朋友到家里和孩子一起读。出去玩的时候，也可以引导孩子对一朵鲜花，或者一件事情进行描述，这样既能让孩子玩得开心，也可以让孩子学得轻松。

5. 鼓励孩子参加集体活动

到了学校，集体生活会逐渐占据孩子的大部分时间。刚进入小学的孩子与同学相处的时候可能会不习惯，也会因此对学校生活产生恐惧感。这时候，父母要多多鼓励孩子参加集体活动，如运动会、游戏等，也要放手让孩子去同学家玩，或者邀请同学到自己家。让孩子在活动中学会与人交往，逐渐适应小学生活。

尊重孩子的意愿和想法

童童在别人眼里是成功教育的典范。她 16 岁顺利进入英国牛津大学，并且获得了全额奖学金。她的成长经历曾经被撰写成书，畅销全国。

无疑，童童父母的教育可以说是成功的。如今的童童开朗、独立、坚强，能应对各种挑战。在教育童童的过程当中，她父母也花费了不少的心思。

童童的妈妈介绍：在童童五六岁的时候，她就发现很多同龄的父母都对孩子管得太多，太溺爱。吃饭、睡觉、玩耍，全程陪同，看到孩子做什么，都接过手来帮他做，看到孩子被什么问题难住了，就替他想办法解决。童童的妈妈觉得这样的教育方式并不好，不利于孩子的成长。

所以，童童的父母采用了一种完全不同的教育方式：什么事情都要问童童的意见，让童童自己拿主意。

比如，去餐厅吃饭，很多父母都会跟孩子说，这个吃多了不好，那个吃多了不行，替孩子拿主意。但是童童的妈妈总是问童童："你要吃什么，自己点。"童童就会对服务员说自己要吃什么。不论什么菜，难吃或者好吃，父母都会按照她自己的要求让她点菜。童童的妈妈说："这样训练的次数多了，她就知道自己该怎么选择了。"

关于童童平时如何安排自己的时间，父母也从来不干涉。有一个周末，有个叔叔请童童的父母去吃饭。父母就问童童要不要一起去。童童想起来答应一个小朋友到她家里去做功课，于是就说自己不去了。童童的父母就留给她20元钱，让她自己去买晚餐吃。

童童和其他的孩子一样，在成长中也遇到了很多问题，如小朋友跟她闹不合、老师布置的作业完不成等，但是童童的父母不太干涉童童的这些事情，只会在必要的时候适当引导，大部分时候都是让童童自己去思考解决。有一次，童童的学校举办关于电影的观后感比赛。童童的妈妈认识电影界的一些人，本来可以让童童去请教他们。但是妈妈什么也没说，只是看着童童自己做，到图书馆查资料，到网站上搜集相关的信息。童童的妈妈看着自己女儿的认真劲儿，对她充满了信心。最后，报告终于做成，还加入了很多相关的图片。由于报告做得很成功，童童得了全校的一等奖。童童高兴坏了，并对自己越来越有信心。

从此之后，童童遇到任何问题，都是自己解决，自己思考。遇到事关重大的问题时，她会向父母征求意见，父母会发表自己的看法，给她相应的意见和引导，但是最后的决定还是她自己做出。

比如，童童还在读高中时，看到关于牛津大学的入学申请资料，想申请报名。但报名费很贵，而且录取率很低，有一定风险。童童征求父母的意见，父母将其中的利弊为童童做了彻底的分析之后告诉她："你自己做决定。无论你做出的决定是什么，爸爸妈妈都支持。"于是，童童自己上网申请了入学，又投递了自己的简历和相关资料。结果，通过层层筛选，童童最终真的被录取了。

童童说："能够走到现在，都是我自己选择的结果。同时，我很感谢我的父母，能够让我有充分的自由去思考，去决定。"

法国思想家卢梭说："为了使一个孩子能够成为明智的人，就必须培养他有自己的看法，而不能要他采取我们的看法。"孩子懂事以后，便开始思考这个世界，思考他所遇到的每一件事，并逐渐产生自己的想法和观点。孩子的世界与父母确实不同，但孩子在成长的过程中却一直在向父母靠近。他们对父母世界里的事情发表意见和想法，说明他们有了独立的思考意识，这是非常可贵的。

这时，父母应该像童童的父母一样，赏识和尊重孩子的想法，理解孩子的心情，倾听孩子的诉说，在孩子想要发表自己的想法和观点时，给予积极的赏识和尊重。赏识和尊重孩子的想法，不仅可以进一步锻炼孩子的思考意识和表达能力，而且可以通过倾听孩子的观点，发现和了解孩子的真实想法，从而纠正孩子成长过程中的一些错误思想。

父母千万不要忽略和压制孩子的想法，即使他们说得不对，即使他们的想法幼稚可笑，也不能嘲笑和打断他们；不要总是以父母的思维来要求孩子，而应该让孩子说下去，允许孩子把自己的观点表达出来。

许多父母也想尊重孩子的意愿和想法，但往往不知道怎样做才能达到更好的效果。那么，你不妨按照下面的方法来做做看。

1. 给孩子选择的机会

尊重孩子的每一个意愿和想法，给孩子一个自主决定的机会。尊重孩子的权利，就是要征得孩子的同意，让孩子有选择的机会并且在尊重孩子的基础上给予引导，这也是民主家庭中父母应为孩子负起的一种责任。

2. 尊重孩子的选择

父母在做决定之前，不妨先听听孩子的意愿和想法，尊重他的选择。现在的父母都希望自己的孩子多才多艺，成为一个优秀的人才。那么，如果让孩子学，一定要仔细观察，再选择一种比较适合孩子性情及兴趣的才艺。千万不要让他一下子接触太多，或强迫他学习没有兴趣的内容，这样会破坏他以后学习的信心和欲望。

别在学习上给孩子施高压

在生活中我们常常可以见到这样的事情：

"我们家孩子不知道怎么回事，平时的测验都发挥得很好，但一到关键时刻就掉链子，碰上期中考试或者期末考试这样的'大考'，就表现很差。真怀疑他平时是不是作弊。"

"我们同事的儿子参加考试时晕倒在考场上了。听说是因为看到一道题平时没见过，马上就呼吸急促，整个人都慌了。"

其实这种感觉我们都不陌生，就是越紧张事情越做不好，越发挥不出原有的水平。这可以用心理学上的"动机适度原理"来解释。在心理学上，"动机水平"是指一个人渴望完成一项任务的程度。心理学家通过研究发现，在一般情况下，动机水平越高，学习或者工作的效率就会增加。但是如果动机水平过高的话，学习和工作的效率反而会降低。美国心理学家耶克斯和多德森认为，中等程度的动机激起水平最有利于效果的提高。这就是"动机适度原理"。

望子成龙、望女成凤的心态可以理解，但是父母过度的期待只能给孩子带来负面的影响，取得适得其反的效果——既让孩子在考试和学习中表现失常，也剥夺了孩子应该有的快乐。

在竞争压力越来越大的今天，不需要家长的教育，很多孩子已经感受到了很大的压力。在这种情况下，父母就更不能对孩子的学习施以高压，而是要保持平常心，而且当孩子拼命学习，给自己施加过高压力的时候，父母还要学会给孩子减压。

我们常常会听到孩子说："我要不惜一切代价保证考试成功！""如果我考试考不好，就很没面子，别人都看不起我！""如果考不好，我以后怎么办？"这些话虽然能表现出孩子的决心，但是也是其心理压力过大的表现。这时候父母要帮助孩子减压——"考不好也没有多大的关系，一次考试并不能决定什么，关键还是看个人的素质和能力。你只要尽最大努力去考就好，考不好爸爸妈妈也还是你的爸爸妈妈，天塌下来还有我们帮你顶着呢！把心态放轻松就好了！"总之，父母要做的就是让孩子在适度的压力下学习，既不过高，也不过低。

此外父母也要真正改变自己的心态，不要把孩子的成绩看得过于重要，相对来说，发现孩子的优势和劣势才是父母最重要的任务。

奥托·瓦拉赫小时候，父母希望他走文学之路，结果老师写下了这样的评语："他很用功，但是过分拘泥，这样的人不可能在文学上有很高的造诣。"接着，根据瓦拉赫自己的想法，妈妈又让他去学油画，老师的评语是：

"你是在绘画艺术方面不可造就的人才!"父母看到这两个评语,几乎绝望了。但是一位化学老师却觉得这个"笨拙"的学生做事一丝不苟,是个研究化学的好材料。结果化学激发了他的潜能,这个文学和绘画上的"差生",摇身一变成了"化学天才",最终获得了诺贝尔化学奖。

心理学研究表明,每个正常的孩子都具有一定的"潜能"。所以父母要充分地了解自己的孩子,帮助孩子把优势发挥出来,而不是根据自己的主观愿望和片面印象帮助孩子设定属于他的未来。很多孩子可能不擅长数学,但是他可能在音乐上有很高的天分;也有的孩子不喜欢课堂上的学习,那么一些独特的教学方法可能会开启他智慧的大门。

因此,父母完全没有必要纠结于孩子的学习成绩,给他们很大的压力,父母最应该做的是发现孩子的优势,让他们充分发挥自己的潜能,成为一个对社会有用的人,拥有幸福快乐的人生。

　　6岁是孩子即将进入小学的年龄，孩子们将要开始面对一个全新的环境，容易产生害怕和迷茫的感觉。

　　开学前，父母可以带孩子到学校参观，逐步让孩子熟悉环境，对学校产生好感。

　　父母要多多鼓励孩子参加集体活动，如运动会、游戏等，让孩子在活动中学会与人交往，逐渐适应小学生活。

高情商家教思维

1. 在孩子从幼儿园升入小学后，你能关注到孩子的心理变化吗？

   _____

   _____

2. 在孩子入学前，你是否会带他到学校参观，给他介绍学校生活的细节？

   _____

   _____

3. 如果孩子因压力过大而厌学、逃课，你会如何化解孩子的压力？

   _____

   _____

4. 当孩子即将进入青春期时，你会通过哪些方法来为孩子普及青春期的常识？

   _____

   _____

5. 你是否认为孩子的学习成绩高于一切？ 当孩子的成绩不理想时，你会责骂孩子吗？

   _____

   _____

第二章

6～12岁，给孩子一个好品格

培养孩子诚实守信的优秀品质

我们应该把诚实守信看作人格教育的起点，这是一个人最基本也是最重要的品格。 诚实守信是一种优良品质，它意味着你说到应该做到。 培养孩子养成这种好习惯，对孩子未来的发展非常重要。 父母应该让孩子建立自己良好的信誉，要诚实、不说谎、守信；假如经常说谎，人们就会觉得你的话并不可靠，即使你说真话别人也不再相信你了，到那时就追悔莫及了。

那么，在家庭中，父母怎么做才能培养孩子诚实守信的优秀品质呢？

1. 父母要敢于承认错误

孩子善于模仿，所以为了培养孩子诚实守信的品质，父母就一定要做到答应孩子的事情，努力做诚实守信的好榜样。假如父母食言了，一定要向孩子承认错误。

"小彩，遵时守约这个问题我们已经说过很多次了，你不认为这样会浪费别人的时间，让别人对你的印象不好吗？"

"确实是这样的，但是有什么大不了的呢？"

爸爸顿时生气了："不要不以为然，时间长了，谁还会信任你呢？"

看见父亲生气，小彩也开始有点愤怒："你是个大人，也有不守信用的时候，也没见你有什么问题啊？"

"你这话是什么意思？"父亲不懂话题为什么跑到自己身上了。

"你估计早已经忘了，你好几次都答应我来参加我们学校的活动，我每次都兴高采烈地去告诉老师，可是到最后永远都找不到你。"

父亲仔细想了想，然后回答："小彩，这件事是我的错，我有急事不能来，应该事先或者事后向你甚至是你的老师解释清楚，你能原谅爸爸吗？"

小彩："没事，我知道你平时都在忙，下次提前跟我说一声就行。"

爸爸："你们什么时候再开家长座谈会？我一定安排好时间，如果再有事来不了，我一定会先和你联系，行吗？"

日常生活中，父母不自觉地和孩子说些不诚实的话，或者说的话没有兑现，是很普遍的事情。这时，父母一定要以平等的身份向孩子承认错误，不能端起一副家长的架子，只有这样才能让孩子相信你。家长要明白，只有家长给孩子做优秀的榜样，才能对孩子起到良好的影响。

2. 给孩子树立诚信的榜样

家长只有做到言行一致才能纠正孩子不守信用的习惯，因为孩子有很强的模仿能力，会因为父母言行不一、不履行承诺而受到暗示，自己也这样做。比如，家长假如答应了星期天要带孩子出去玩，那就一定要去。如果临时有变，也要马上和孩子说明情况，以后再带孩子去玩。要想取信于孩子，就一定不要做失信于孩子的事情。

我国著名的思想家曾子，一次儿子想跟着他的妻子出门，他的妻子害怕路上带个孩子不方便，就跟孩子说："好儿子，别哭啊，你在家里等着妈妈，妈妈回来杀猪给你炖肉吃。"儿子听完这话就不闹了。后来妻子回到家，见曾子正在磨刀，妻子连忙问为何要磨刀。曾子说："给儿子杀猪啊。"妻子说："我那不过是哄小孩子的话，不用当真的。"曾子语重心长地对妻子说："我们不能欺骗孩子。如果父母不讲诚信，还怎么教育孩子长大要守信？"于是，曾子就把猪杀了，做了香喷喷的炖肉给儿子吃。

儿子深深地被父母的这种行为震撼。有天晚上，儿子刚躺下又突然起来，将枕下的竹简拿了出来，往外面跑。曾子问孩子要去干什么，孩子说："我答应了朋友今天该还他竹简的，即使现在晚了，今天也一定要还给他，我不能言而无信！"曾子看着跑远了的儿子，会心地笑了。

"人无信不立"，在平时的生活中，父母对孩子诚信，说话算话，才能让孩子也讲诚信。

3. 适当奖惩

如果父母能坚持言行一致，那么孩子也会效仿。父母应该认真执行事先和孩子商量好的制度，将孩子的守信行为与奖惩挂钩。奖要奖得理所应当，恰到好处；惩要惩得心悦诚服，适可而止。奖励前，你要告诉孩子奖励他的原因，并且鼓励孩子还要这么做；惩罚前，你要告诉他惩罚的原因，并且要警告孩子，犯了错就一定会受到惩罚。

例如想要孩子按时起床，可以跟孩子一起约定：如果自己每天六点不能起床，就自动放弃吃早餐的权利。孩子假如真的起晚了，父母就要把早餐收起来，做到言出必行，让孩子懂得守信的重要性。

诚信是一个人最重要的品质，是一个人做人的根本，是一个人最宝贵的财产，它可以让孩子保持正直，更可以让孩子挺直脊梁，光明磊落地做人。

信任孩子，他才能学会信任

　　在公元前4世纪的意大利，有一个名叫皮斯阿司的年轻人因为冒犯了国王被判绞刑，在某个法定的日子将要被处死。

　　皮斯阿司是一个孝子，在临死前，他非常希望能和远在百里之外的母亲见最后一面，以表达他对母亲的歉意，因为他无法为母亲养老送终了。皮斯阿司的这一要求被告知了国王。

　　国王被他的孝心感动，决定让皮斯阿司回家和母亲相见，但有一个条件就是皮斯阿司必须找一个人来代替他坐牢。这是一个看似简单但几乎不可能实现的条件，有谁愿意冒着被杀头的危险去替别人坐牢，这不是自寻死路吗？但是茫茫人海，还真的有人不怕死，而且真的愿意替别人坐牢，他就是皮斯阿司的朋友达蒙。

　　达蒙住进牢房后，皮斯阿司就回家和母亲诀别。人们都看着事态的发展。过了很久，皮斯阿司一去不回头。眼看着刑期在即，皮斯阿司还没有回来的迹象，人们一时间都议论纷纷，说达蒙上了皮斯阿司的当。

行刑日是个雨天，当达蒙被押到刑场时，围观的人都在嘲笑他的愚蠢。但是刑车上的达蒙，面无惧色，脸上反而带有一种慷慨赴死的豪情。

当追魂炮被点燃后，绞索也已挂在达蒙的脖子上。胆小的人吓得紧闭了双眼，他们在内心深处为达蒙感到惋惜，并且痛恨那个出卖朋友的小人皮斯阿司。

可是，就在这千钧一发之际，风雨交加中，皮斯阿司飞奔而来，他高喊着："我回来了！我回来了！"

这真是人世间最令人感动的一幕，很多人都以为自己在梦中，但事实不容怀疑。这个消息就像长了翅膀，很快就传到了国王的耳中。国王听后，也以为这是痴人说梦。

于是，国王亲自赶到刑场，他要亲眼看一看自己优秀的子民。最后，国王万分喜悦地为皮斯阿司松了绑，而且亲自赦免了他的罪。

因为达蒙对自己的朋友充满信任，也确认朋友是一个值得信任的人，才心甘情愿为朋友坐牢。紧紧连接他们的就是信任。因为这份信任，使这一对朋友共患难。

要想获得别人的信任，首先你应该学会信任他。成人如此，对于孩子来说也应该这样。其实，孩子从懂事开始，就有了自己的思想。他跟成人一样，渴望被理解、被尊重及被信任。可是，很多父母却忽略了这一点。我们经常会看到这样的父母：他们要求孩子吃完饭在屋里学习半小时，结果却隔几分钟就进去看一下孩子是否在偷懒；他们要孩子去买东西，却总担心孩子会拿多余的钱买零食吃；孩子想报名参加一项比赛，他们却说："你能行吗？"

父母的这些行为，往往会造成孩子的逆反甚至自卑心理。孩子会因为自己得不到信任而产生自我的不信任感，而父母却认为自己的怀疑是有根据的，这就更加助长了孩子的叛逆和自我否定情绪。孩子健康的成长过程最需要的就是正面的"信任""鼓励""欣赏"，最排斥的就是负面的"怀疑""斥责""打压"。家长都想让孩子的世界充满阳光，扫掉阴霾。可事实上，却会因为一个怀疑、一句话甚至一个眼神，深深伤害孩子的自信。

家长对孩子的信任，能够激发孩子内心的动力，让他体会到成功的快乐。他们会在父母充满信任和友谊的目光中，变得自信起来，从而能以昂扬的姿态面对自己的人生。那么，怎样才能做到信任孩子，做孩子的好朋友呢？

1. 培养孩子的自信心

有位哲人曾说过："自信心是每个人事业成功的支点。一个人若没有自信心，就不可能大有作为。有了自信心，就能把阻力化为动力，战胜各种困难，最终夺取胜利。"因此，父母应该注重培养孩子的自信心，引导他尊重别人但不迷信别人，要用科学的态度去对待别人的成功和失败。一个孩子一旦有了自信心，他就能够客观地看待自身的优缺点，就能更加有效地控制自己的思想与行为。

2. 宽容对待孩子的错误

当孩子不听话时，家长不要用偏激的语言去斥责他，而应该循循善诱，晓之以理，和孩子一起分析事情发生的过程，并指出孩子不听话的原因及造成的危害。然后，再帮助孩子改正错误。一生中不犯错误的人是没有的，尤其是人生观和道德观还未完全形成的孩子，有缺点、犯错误的可能性更大。作为父母要充分信任他们、理解他们，引导他们正确对待错误。

在日常生活中，对孩子的一切，家长都不要热心包办或者冷淡蔑视。凡是孩子力所能及的事，只要是有益的，父母就应该支持他们去做。孩子缺乏经验和技术，有时可能会失败，或者出现什么失误，这都属于正常现象。当孩子遇到挫折或失败时，父母应该多进行鼓励和安慰，帮助他们找出原因，让他们的自信心能得到充分的保护。反之，则可能会引发孩子的对抗。

因此，不能只在嘴上对孩子有信心，还要表现在行动上，尤其是对那些不听话的孩子，父母更要特别注意。如果父母对孩子有足够的信任，孩子就会充满自信，积极发挥主观能动性，有效地进行自我调整，把不听话、逆反转化为上进的进取心。

小心虚荣心毁了你的孩子

随着生活水平的提高，父母都会最大限度地满足孩子的需求。再加上很多孩子在家里都是独生子女，父母对他们就更是疼爱。殊不知，孩子在这样的成长环境中，内心世界会渐渐变得空虚无助。他们为了满足自己的自尊心，就会采用一种虚假的方式去获得荣誉和普遍关注。这也就是我们常说的虚荣心，其实，这是一种不健康的心理情绪。在这种情绪的引导下，孩子会误入攀比的误区。如果父母不能及时遏制孩子的这种不良苗头，就很有可能引发孩子其他的坏习惯，诸如嫉妒情绪。因此，父母要时刻注意到孩子在生活中的表现，以确保其能有一个健康的心理发展环境。

在生活中，我们常常能听到这样的对话：

"妈妈，我们班的同学都有手机了，你也给我买一个吧。"

"爸爸，我们班同学的爸爸都开车来接他们，你以后别骑自行车来接我了。"

相信很多父母都有过同样的经历。也就是说，这并非一个偶然的例外，而是一种必然的普遍存在。而造成这种现象的根本原因就是孩子的虚荣心在作祟。简单地说，就是现在很多孩子都喜欢在学习用品、电子产品、穿着、休闲方式等方面相互攀比，以显示他们的特殊，甚至是"高贵"。

面对这种情况，很多父母都错误地以为这是孩子成长过程中必然要经过的一个阶段。其实不然，造成孩子养成这种不良习惯的原因并非唯一的，由于年龄问题而导致孩子产生这种心理的可能性仅占一小部分。我们在面对孩子的这种表现时不要选择沉默或者叹息，而是要学会分析其中的原因，并找出合理的解决方案。

1. 教育孩子远离虚荣心，父母是关键

在家庭教育中，父母的一言一行都在潜移默化地影响着孩子。当父母想要抱怨孩子总是追求高消费、追求名牌产品的时候，请先想一下自己是否也在做这些无谓的追求。在此，建议父母不要时常把"名牌""新产品"等刺激孩子攀比神经的言辞挂在嘴边，更不要做出一些攀比或者过于追求时尚的举动。也不要以"年龄"为由来推脱自己的不良行为，要勇敢地从自我反省做起。只有这样，才能为孩子提供一个良好的生活环境，才能让孩子在生活中远离虚荣行为的影响。

2. 父母要让孩子明白：攀比是把双刃剑

孩子产生攀比心理并非全无益处，"攀比"是一柄双刃剑。我们必须承认，只有孩子内心产生竞争意识的时候，他们才会产生攀比心理。因此，父母应该抓住孩子的这种心

理，有效地利用他们的竞争意识，将他们从比吃穿、比消费的错误攀比思想中解放出来，并引导他们在学习、才能、毅力等方面进行攀比，这样才能达到教育的目的。 对此，父母要学会"借题发挥"，转移他们的"兴奋点"，即改变他们的攀比方向，引导他们注重内涵和精神上的攀比。 如：比比看谁的零花钱花得更有意义，谁更懂得利用时间好好学习等等。 总之，父母要学会理性地看待孩子的攀比心理，正确地抓住攀比的"利刃"，利用孩子的攀比心理，引导孩子上进。

3. 父母要时刻关注孩子的生活，循循善诱

心理学上认为：虚荣心是每个孩子在成长过程中都会经历的一段心理历程。 通过这句话我们可以得知，孩子的虚荣心也是从正常的虚荣心过渡到爱慕虚荣的。 也就是说，孩子在这一期间会表现出很多明显的改变，发出许多明显的信号。比如：他们越来越在意自己是否漂亮，越来越在乎自己使用的东西是否比别人差，开始因为父母不能给予他们足够的物质满足而抱怨不休等等。

对此，父母们不妨采用"迂回战术"。 父母可以心平气和地从侧面问孩子：你最羡慕的同学是谁？ 你觉得爸爸妈妈哪里做得还不够好？ 你喜欢家里现在的生活吗？ 当然，问孩子这些问题的目的并非只是为了了解孩子，而是为了更好地启发孩子认识生活，让孩子了解到父母对他的爱，教育他们认识到社会交往最看重人品，而并非家境等方面。

研究表明，这种迂回提问的教育方式能够很好地表达出父母的想法，还能很好地引导孩子做出自我反省和自我改进。同时，这样的教育方式还能够很好地让孩子认识到虚荣的危

害，使其变得更加真实，让他们在人际交往中维持一个很好的人际关系。

4. 培养孩子的勤俭朴素作风

父母想要让孩子远离虚荣心的危害，不妨从小就加强对孩子勤俭朴素作风的培养。 教育孩子学会勤俭朴素，能够让他们对"物质"有更深一层的理解，这样，孩子就不至于在后来的成长中由于物质差距而心生攀比。 另一方面，教育孩子学会勤俭朴素还能够让孩子更好地把握自己，不至于受到社会上的某些"物欲"思想的影响而产生虚荣心理。 孩子终究是孩子，他们在成长过程中产生一些不理性的要求也无可厚非，但是父母却要多加注意，做好自己的分内之事。 对于孩子的虚荣心，千万不要敷衍了事，要知道，千里之堤毁于蚁穴。 如果将来孩子因为虚荣而毁了他们的一生，那可就追悔莫及了。

克服疯长的"自私心理"

如果一个人自私到将追求自己的幸福变成人生唯一的目标，那他的人生就会变得没有目标。自私的人，在生活中总是会受到排斥和鄙视，所以在养育孩子的时候，父母要摒弃他们这些不好的行为。

1. 孩子自私心理的表现

（1）太以自我为中心，不会为他人着想，觉得全世界的人都应该围着自己转。

（2）只顾及自己的利益，不顾其他人、集体的利益。

（3）不讲文明礼貌，经常做出乱扔果皮、纸屑等不文明的行为，有时还会把家里的音乐声音开得很大，严重扰民。

（4）凡事不愿意与他人分享，有好的学习方法也不想和同学们进行交流。

（5）别人来请教问题的时候，很不热心，敷衍了事。

以上这些便是自私的表现，父母一定要让孩子远离自私，唯有不自私的小朋友才会受到同学和老师的喜爱。

2. 一定要让孩子学会给别人提供便利

假如一个人一味地争取最有利于自己的东西，只知道为自己着想，不能够为他人提供便利，到头来伤害的还是自己。人虽然不是因为其他人而存在于这个世界上，但是也不只是为了自己。

自私的人最后一定会得到惩罚。有很多只为自己活着的人，生活中，他们不愿意为别人提供任何便利，这样的人不会被社会所认可。父母应该让孩子明白的是，无论工作学习都不要只为自己着想，只要我们能够给其他人提供便利，就能受到别人的爱戴，就能从朋友那里获得帮助。

3. 如何让孩子摆脱自私

自私的人只会让自己的路越走越窄，人生也只会越来越黑暗。大家都不喜欢自私自利的人，因为这其实是一种心理疾病。那么，父母应如何让孩子摆脱自私呢？

（1）引导孩子经常进行自我反思。自私往往是一种下意识的心理倾向，一定要克服自私心理，观察时要有一定的客观标准，即社会公德与社会规范。让孩子时常自省，一定要向那些正直而且没有私心的人学习，在英雄与楷模动人的事迹中洗涤自己的心灵。

（2）多做一些奉献爱心的事情。比如关心和帮助他人，为他人排忧解难，给希望工程捐款等等。一个想要克服自私心态的人，可以多做一些利于他人的行为。一般来说，私心很重的人也可以通过让座位、借东西给其他人等行为表现出利于他人的爱心，多做好事，从别人的赞美中获得幸福，让自己的心灵得到升华。

（3）回避性训练。 这是心理学上以操作性反射为基础，以负强化为手段而进行的一种训练方法。 只要我们意识到自己不得当的思想与行为，便可以在手腕上绑上一个橡皮筋，从痛苦的根源意识到自私是错误的，并且促使自己改正。

（4）一定要多为他人着想。 自私的孩子总是会有很“充分”的理由。 问题的关键是：原本没有人和他抢，是他自己骗了自己。 自私者总是认为这是一种明智的选择。 反之，如果不能与他人分享，不懂得帮助别人，必然会被别人抛弃，在自己有困难的时候也不会得到别人的帮助。

当自己有好东西时，一定要学会与他人分享，当别人有困难的时候，一定要记得及时伸出援手，这些都不是很复杂的事情。 其实，有的时候不过是举手之劳，不仅可以给别人力量，一并分享喜悦，自己的精神也会得到满足，何乐而不为呢？

帮孩子拔除嫉妒的毒瘤

每个孩子都会有嫉妒之心。孩子的嫉妒，不仅仅体现在家中，也体现在学校。父母在帮助孩子改正这种弱点时，有责任让孩子懂得宽容和珍惜友谊。想要纠正孩子的嫉妒心理，父母就先要分析孩子为什么会产生嫉妒的心理。下面几项是孩子嫉妒的体现：

1. 因别人受表扬而嫉妒

每当班里的其他孩子受到了表扬，有的孩子就会暗中不服气，更有甚者公开挑出别人的缺点，也有的会故意表现得不在乎。事实上，他们的心理反应都是："这没有什么大不了的，我肯定也能做到。"

2. 因别人学习好而嫉妒

孩子们的首要任务便是学习，学习成绩成为评价孩子的重要标准。所以，有的孩子学习成绩没别人好就会产生嫉妒心理。某班级曾有这样一件怪事：在期中考试将要来临的前一个星期，班上成绩最好的几个同学的笔记本突然消失不见了，他们都非常着急。然而考完试，笔记本又重新回到了课桌里。显而易见，这不是一般的恶作剧，这只是某个孩子因为嫉妒心理才做了错事。

3. 因亲疏关系而嫉妒

有些孩子特别被老师看重，另一些孩子就会嫉妒那些老师所重视的同学，而且经常跟老师生气，甚至背后议论老师，还会对班上的事情采取不予理睬的消极态度。同学之间的亲疏变化，也常容易引起这种心理的产生。因嫉妒别的同学之间关系好，有些孩子便会从中挑拨离间，说别人坏话。

4. 因物质方面不如别人而嫉妒

孩子们都希望自己的东西是同学中最好的，但是因为家庭条件不同，总会缺这少那，这是正常的现象。不过，一些孩子便会因此有嫉妒心理，当别人的东西坏了、出问题了他便幸灾乐祸。

嫉妒并不是一个好现象，它是人因为自身在品德、能力等方面不如别人而产生的不满和怨恨，是一种扭曲了的情感。它对个人、集体和社会起着负面的作用，不利于团结友爱。如果长大后依然有这种缺点，那么孩子就会很难跟别人相处，很难心情舒畅地生活。嫉妒心理强的人会因为别人的成功和自己的失败让自己苦恼，平白无故地为自己增加烦恼。

孩子在成长过程中难免会产生嫉妒心，家长不能任由其继续发展下去，应及时加以疏导，否则将会导致孩子的不良性格的产生，对孩子有极坏的影响。父母平时要多留心观察孩子与人相处时的行为举止，一旦发现孩子有嫉妒心强的苗头，就要教孩子正确对待，然后及时疏导，以免产生不良影响。

要纠正孩子的嫉妒心理，下面几个内容可以供家长参考：

1. 建立良好的环境

孩子会产生嫉妒心理，原因有很多，究其根本，是孩子内部的消极思想与外部环境的消极因素相互作用导致的。父母应在家庭中为孩子营造一种团结友爱、互帮互助、谦虚谨慎的环境气氛，以避免孩子形成嫉妒的心理。

2. 耐心倾听，让孩子合理宣泄

嫉妒是孩子心理最直接的表现，这是一种本能的心理反应，因为孩子不能实现自己的愿望而产生。所以，盲目对孩子进行批评只会适得其反，要耐心倾听孩子的烦恼，对他的苦恼表示理解，让孩子宣泄自己的情绪，并了解孩子嫉妒的成因。

3. 让孩子正确地评价自己和别人

表扬赞美是每个孩子都喜欢的。恰当的表扬不仅可以发扬其优点，而且还可以增加孩子的自信，让孩子进步；不恰当的表扬，则会让孩子骄傲或者瞧不起他人，觉得自己是最好的，甚至当有人说别人好，他便不能接受。这是由于孩子年龄小，刚刚开始拥有自我意识，看问题还不全面，对自己和别人不能够正确对待。正因为如此，父母更要对自己的孩子正确评价，不能因为偏爱，就对孩子过高评价，以免孩子产生骄傲的心理。

父母要让孩子知道自己的长处和短处，使孩子明白人无完人，小朋友之间要互相学习。父母可以让孩子这样反省："我现在表现怎么样？我的优点是什么？我的缺点又是什么？我进步了吗？在什么方面退步了？下一步该怎么做？是否下定决心更进一步？周围人的意见对我的帮助有多大？"不过，父母也要教育孩子在班里给自己树立一个榜样，看看别人的长处是不是自己的短处，能不能借鉴。如果孩子能经常这样去思考，嫉妒心理就会慢慢消失，就能够客观地进行自我评价。

4. 帮助孩子强化自身的优势

人和人之间的不同体现在各个方面。现实中每个人都是有差异的，如果要提升自己，只有靠自己努力奋进，嫉妒不会有任何作用，只会让自己退步。父母如果发现孩子在有些方面没别的孩子好，不应当面指责孩子，而应提出具体方案来提高孩子的能力。

5. 对孩子进行谦虚美德的教育

在有些孩子身上会较多地体现出嫉妒，这往往是因为他们认为自己也有能力却没有被表扬，所以对那些受到表扬的小朋友产生嫉妒心理。因此，除了纠正心理之外还要进行有关谦逊美德的教育，让孩子明白"谦虚使人进步，骄傲让人落后"这一道理。 让孩子懂得自己的优点与别人的称赞无关，如果继续发扬自己的优点，吸取别人的长处，自己就会变得更强，就会真正得到大多数人的表扬。

养成谦逊的美德

　　"满招损，谦受益"是古人对我们的教诲：对于谦逊的人来说，人生无边，事业无边，知识无边。

　　列夫·托尔斯泰曾说："分数就像一个人，分子是实际才能，分母就是他对自己的评估分数，如果分母变大，结果所得的值只会越小。"

　　一个人不管知识多么渊博，成绩多好，或者地位多高，都要保持低调和谦虚，应该对周围一切保持吸收态度，使自己的知识不断丰富起来，让自己不断变强，做出更大的事业。　这样对于社会和自己都是有好处的。

　　苏格拉底是古希腊的著名哲学家，才华横溢，并且对所有人一视同仁，他的谈话总是富有意味。　当人们对他进行夸赞的时候，他会很谦逊地说："我对自己的无知最清楚。"

　　贝多芬也很谦虚地说自己："我只是掌握了几个音符而已。"

　　爱因斯坦曾经被人问道："你在物理学上取得了很大的成就，为什么还那么用心地学习？"爱因斯坦对于这个问题没有回答，而是在纸上画了大小不一的两个圆，说："这时候，我比你懂的知识也许会更多。 我的是大圆，你的是小圆，但是整个物理学无边无际。 小圆和未知领域接触面积小，他觉得自己不知道的就少；大圆因为接触的未知领域大，所以就觉得自己更无知，因此探索的时候更加努力。”

爱因斯坦说得对，一个人不懂谦虚，相比较的时候总是看中别人的缺点，挑剔别人，以为自己才是最优秀的人。 这样就看不到别人的优点，只要自己取得成就就会十分高兴，碰到挫折就会灰心丧气。

骄傲让项羽不能正确认识自己，最终刘邦取得了胜利，他却失败了；因为自大，关羽麦城大败而归。

民国时期，有一次伦敦举行了中国名画展，南京和上海监督选取博物院的名画的人是组委会专门派去的，蔡元培和林语堂都参与了。其中有个自认为是中国通的法国汉学家伯希和，他一直滔滔不绝地发表自己的观点。为了显示自己懂得中国文化，他不断评论中国的东西。林语堂这个时候观察着蔡先生，蔡先生只是客气地回应："嗯，嗯。"他的样子就是完完全全的平静。伯希和后来开始慢慢闭嘴，觉得自己从蔡元培脸上意识到了什么，但他不确定自己是对是错。林语堂后来谈到这件事情时说："只有中国人的涵养才会这样深刻。"

我们从以上的故事中知道：人的自知之明很重要。 每个人应时刻保持谦虚谨慎。

孔子那时候很年轻，老子曾经向他指点过一些知识。 老子说到为人处世："良贾深藏若虚，君子盛德容貌若愚。"这句话其实就是告诉我们：藏起最珍贵的东西才是生意人的策略；有很多人品德十分高尚，表面却很呆。

这是一句隐含哲理的话，老子其实是说：谦虚谨慎才是好态度，自高自大和不断炫耀只会有害无益。谦逊不是为了打击自己，而是希望我们能够更透彻地了解自己，定位自己，掌握优缺点，使自己的人生更加完美。因此，当一个人生活在这个世界上，就要谦虚谦让，不炫耀不张扬，这不仅能够保护自己，也能使其他人拥戴自己。

我们如今的生活环境非常复杂，怎样才能使孩子们变得谦逊呢？

（1）对待所有人都应该诚恳。

（2）看到别人的优点，理解别人的缺点。

（3）内在坚定，不要动摇自己的内心。

（4）即便自己真的拥有真才实学，也要考虑别人的感受。记住，所有的人都有自己的优势，别人也有自己的优点。

让孩子拥有一颗善良的心

　　爱心是每个人都该有的，它是一个人基本的人性。不具有爱心的人，就是一个冷漠的、不能适应社会生活的人。个体社会情感的需要是爱心产生的原因。爱心不是天生的，而是后天有意识地培养下，慢慢养成的一种心理素养。家长可以把孩子看作是一面镜子，爱他们，他们会回报爱；什么都不给他们，他们也就不会回报什么；付出无条件的爱得到的回报也是无条件的爱，付出有条件的爱得到的回报也是有条件的爱。

　　一定要谨记：假如在你的内心里没有爱，你就不可能给别人爱。让内心世界充满爱，是父母首先要做到的，这样你才可以有爱给别人、给孩子，才能培养出内心也充满爱的孩子。无条件地对别人好，就是不要任何回报地服务和给予爱，这是父母应该让孩子理解的。

　　古今中外，爱心都是社会中很重要的道德。孔子主张"仁者爱人"，孟子传授"王道"，他们的核心都是爱。哲学家费尔巴哈说："在感觉爱的基础上，新哲学就建立起来了。"因此，他建立了一套以爱为基础的哲学思想。

那么，孩子的爱心该怎么培养呢？

1. 热爱动物，热爱生命

下边这些情景是常见的：在逛街时，孩子会忍不住抚摸迎面跑过来的一只小狗，眼里流露出怜爱的神情。 我们也经常看到，一些喜欢恶作剧的孩子抓住小动物的尾巴，折磨小动物，因为听到它们凄惨的叫声而开心大笑，这样的行为是没有爱心的。

2. 帮助孩子克服自私自利的性格

小孩子最常说的就是"这是我的，快点给我"。 由此可见，孩子有很强的自我意识。 当然，人人都有自私的一面，动物的普遍共性里也包括自私，不过这并非不可改变的。 婴儿最早会的语言中，最开始就是"爸爸""妈妈"等，这一现象说明婴儿很早就能感受到父母的爱。 孩子最先感受到的人间温暖是来自父母的无私的爱。 人们历来讴歌父母那无私奉献的爱，但切记不可把它当作对孩子的赠品，不然就是对孩子的溺爱，让孩子变得更加自私。

3. 给孩子做关心别人的榜样

榜样总是具有无穷的力量，因此言传身教是最有效果的。父母必须从自己做起，这样孩子才会富有爱心。

威尔逊是一名著名的社会生物学家，他曾意外地发现一个很有趣的现象：在看到狼或者其他的食肉动物接近幼小斑鸠的时候，雌性的成年斑鸠就会假装自己受伤，好像它的翅膀折断了，然后一瘸一拐地走出洞穴。 这时，食肉动物就会去捕捉更容易捉住的成年斑鸠。 一旦那些食肉动物被引到远离洞穴的地方时，成年斑鸠便会挥挥翅飞走。 这种方法一般能够取得成功，不过，不排除遭遇不测的可能。 成年斑鸠为了让幼小的斑鸠能够活到成年，用这种富有爱心的举动保护它们。而小斑鸠经常耳濡目染这种做法，也就学会了。 由此我们可以知道，爱心可通过后天来强化，如果父母以身作则，孩子就会学习。 因此，在有意识地对孩子进行爱心教育的同时，父母自己更要做好榜样，用自己充满爱的言行来培养孩子也成为一个有爱心的孩子。

4. 移情训练

移情训练也是爱心培养不可缺少的步骤，可以让孩子体验把别人在痛苦状态时的感受与自己同样情境下的感受相比较，感同身受别人的心情。 这样能让孩子更好地理解别人。

比如，当看到小朋友摔倒时，父母可以问孩子："想想你不小心摔倒的时候，你会不会感觉很疼？ 小朋友肯定也是这个感觉的，我们赶快过去把他扶起来吧。"这样孩子的同情心就能在无形中培养起来了。

5. 培养孩子的同情心

自私自利、只关心自己的快乐、无视别人的痛苦的孩子是缺乏同情心的，他们甚至会在别人的痛苦上建立自己的欢乐，这是很可怕的。 有同情心的孩子大多比较会关爱他人，因此，要从日常生活中培养起孩子的同情心。

父母应该为孩子创造跟别人交流的机会，在交流的过程中，孩子可以亲身体会到他人的感受，了解他人的想法，这样很利于培养同情心。

6. 让孩子了解一些生活的真实情况

孩子会不会受挫折打击、有困难围绕，都是父母们经常担心的事情。即使父母自己的生活面临着很多困难挫折，即使父母也会情绪不稳定或有很多不开心，在孩子面前父母也总是竭力保持情绪平稳，父母总是希望生活重担不要由孩子自己过早承受，这其实是不正确的。父母要学会成为孩子的朋友，要慢慢把生活的真实情况告诉孩子。很多父母总是不顾自己的劳累，无条件地满足孩子的各种要求，这么做只会让孩子更缺乏爱心。

父母是孩子最好的老师，父母应该告诉孩子自己的辛苦，让孩子懂得伟大的父母之爱，懂得父母为自己的成长付出了很多。这样，孩子就不再会心安理得地接受父母的伺候，就会很好地体谅父母。让孩子也有机会学习照顾父母和长辈，明白爱心不只是单方面的索取，而是需要相互交流的。把家庭气氛创造成富有爱心的氛围，能让孩子变得不那么自私，充满爱心。

◇ 培养孩子的好品格 ◇

父母应该把诚实守信看作人格教育的起点，这是一个人最基本也是最重要的品格。

家长对孩子的信任，能够激发孩子内心的动力，他们会在父母充满信任的目光中，变得自信起来。

父母要让孩子知道自己的长处和短处，使孩子明白人无完人，小朋友之间要互相学习。

高情商家教思维

1. 在日常生活中，你会给孩子讲一些关于诚实守信的故事吗？

   _____

   _____

2. 你是否信任你的孩子？ 这种信任是如何表现的？

   _____

   _____

3. 当孩子因为和同学攀比而提出消费要求时，你会尽力满足吗？

   _____

   _____

4. 在日常生活中，你如何向孩子传递分享的观念？

   _____

   _____

5. 你能说出孩子的 3 个优点和 3 个缺点吗？ 孩子是否能认识到他自己的这些优点和缺点？

   _____

   _____

第三章

6～12 岁，给孩子一个好心态

培养孩子开朗乐观的性格

乐观是一种良好的性格，很多孩子天生就比较悲观，但有些孩子则恰好相反。心理学专家研究发现，人是可以培养乐观的思想的，尽管乐观的品质并不是孩子天生就具备的，但亦可以通过后天的培养获得。

1. 勿对孩子控制过严

孩子天真烂漫的童心有可能被严格地压制，这样不利于孩子心理健康的发展。家长应该根据孩子的不同年龄让他拥有不同的选择权。孩子只有从小就能自由选择，才能获得真正的自由和快乐。

2. 在有意义的活动中感受快乐

无论是成功的体验还是参加有意义的活动，都是快乐的重要来源。孩子完成某些事就会感受到快乐，是因为他把一件事情做完了，取得了成就。在获得成功的过程中，孩子同时也得到了快乐，而且还能获得自信心。

3. 教会孩子与人融洽相处

跟别人相处能让自己的内心变得更热情。父母应该带孩子多接触不同性别、年龄、性格的人，让他们与不同类型的人能够相处融洽。孩子必须学会跟家人和亲戚友好相处。另外，家长自己也应该和他人友好相处，待人真诚热情，不在背后说别人的坏话，做孩子的好榜样。

4. 物质生活避免奢华

如果孩子的物质生活太丰富，便容易养成奢侈的性格，而对于物质的片面追求，又常常使孩子很难获得自我满足，这就是为什么贪婪的人大多都不快乐的原因。不过，那些生活简单的孩子，即使只是一个普通的玩具也能让他倍感满足和开心。

5. 让孩子爱好广泛

如果孩子只有一项兴趣爱好，那么就会很难保持长久的快乐。试想一下：只喜欢看动画片的孩子如果没有可看的动画片时，肯定会不开心。相反，假如这孩子除动画片外还喜欢看书、读报或玩游戏，那么孩子在看不成电视的时候便能从这么多事中获得其他快乐。

6. 保有一颗平常心

一个乐观的人能够看淡一切，不管是成功还是失败，是痛苦还是幸福。现在孩子大多生长在温室中，没有经历过太多的风雨，很少面临艰难困苦，更不知道该怎么去面对。让孩子尽量接触各种事物，接触的事情多了，见识广了，心胸自然就会开阔，也就不容易产生悲观思想。 要教会孩子心态平静地去对待世界，不要消极对待。

7. 引导孩子学会摆脱困境

即使是乐观的人也不会事事顺心，也不可能做到永远快乐。 当孩子还小时，父母就应该开始培养他们克服困难的能力。 如果孩子一时还不能摆脱逆境，要告诉孩子应学会忍耐，学会在逆境中寻找生活的乐趣。

8. 拥有适度的自信

自信是快乐的来源之一。 不过也有很多自卑的孩子，家长一定要及时发现他们的优点，并恰当地多给予其鼓励和表扬，要帮助孩子克服自卑心理然后建立自己的自信心。

9. 创建快乐的家庭气氛

孩子们从小生活的家庭氛围，在很大程度上对孩子的性格会有影响。 研究发现，对于周围的情绪和氛围，孩子很小的时候就能感觉到，尽管他还没学会用语言来表达自己的感受。可见，如果一个家庭气氛不和谐，或者是家庭不和睦，培养出来的孩子大多不会乐观开朗。

化解孩子的焦躁情绪

　　小爱从小就是爸爸妈妈眼中的乖宝宝，可是自从上了学，她就仿佛变了个人似的，变得异常任性，而且经常表现得很焦躁，还跟父母顶嘴。妈妈特别担心，于是到小爱的学校进行咨询。老师对她说，这个时期，他们的这些行为都是正常的，这正是孩子自身跟外界磨合的表现。老师建议小爱妈妈不要过度关注孩子的这些不正常行为，要一如既往地关心爱护孩子。

1. 情绪焦躁的根源

　　很多因素都能导致孩子出现情绪问题：如社交场合和周围环境带来的压力、紧张的学习、分泌增多的荷尔蒙、不断变化的身体发育情况、更大程度地渴望自由、希望获得他人喜欢及希望在同龄人中有地位的愿望等。当心理诉求作用于外界环境时，孩子就会表现出这种症状。

　　现在的孩子们面临着日益增加的压力，这些压力很容易导致孩子情绪不良和行为反常。当孩子进行自我调节的时候，难免会把不良情绪转移给家长，这样就给家长带来了莫大的压力和挑战。

2. 正确的应对态度

首先要站在孩子的角度上思考问题，不要轻易被孩子的不良情绪所触怒，要时刻提醒自己，孩子并非故意惹你生气的。然后要搞清楚真实情况，弄清孩子出现不良情绪的原因。家长可以问孩子："你情绪这么不好，是不是发生了什么事？"尤其是如果孩子年龄较小，自己不能很好地排遣不良情绪时，更要对孩子进行鼓励，让孩子把事情讲出来。在孩子长大一些后，家长应意识到孩子可能更注重自己的隐私了，这个时候家长可以说："你先不讲也可以，但如果你想讲了，什么时候我都乐意倾听。"最后要给予孩子更多的关注，当孩子心情不好时，为了不跟孩子吵架，大多家长都表现出逃避心理。其实，这时孩子才是最需要爱护和理解的，对于生活中的困难挫折，家长应尽量陪在孩子身边与他一起度过。

3. 如何为孩子提供帮助

（1）让孩子拥有自己的时间。现在很多家庭都喜欢给孩子报各种课外兴趣班，孩子的课余时间被大量占用，也因此会感到压力太大，精神会经常紧张。实际上，应让孩子有自由的时间做自己喜爱的事情，父母应合理安排孩子的课余生活，不要干预太多。

（2）对孩子的意见予以鼓励。从孩子的发展角度来看，7 岁左右孩子的生长会开始发生变化，受各种因素的影响，孩子的抽象和逻辑思维能力开始发展，也开始有自己的思维。世界向孩子敞开了一扇更宽广的门，因此孩子不再坚信父母是正确的权威，当家长的意见越来越受到挑战时，这证明孩子正在健康地成长，此时家长一定不要进行压制和打击，最好利用鼓励和讨论的方式，让孩子能够更深刻地思考和更流畅地表达。

（3）鼓励孩子表达自己的愤怒。压力总会带来愤怒，父母应鼓励孩子把生气的原因说出来，要让孩子时刻感受到你对他的爱。

（4）让孩子参加体育锻炼。适当进行体育锻炼，可以减轻心理压力，缓解紧张情绪。当孩子进行体育活动时，不但能让紧张情绪快速缓解消除，还能锻炼他面对突发事件的能力。

（5）根据具体情况来对待孩子的"无礼"。如果孩子开始对家长表现出一些无礼行为时，家长需要认真考虑，究竟孩子在哪些方面的行为不恰当，而孩子的无礼行为又反映出孩子的何种心理诉求等。假如只是偶尔的行为，家长就不必太过敏感，这些行为能够缓解孩子的紧张情绪。但是假如这种无礼行为继续发展，就一定要让孩子知道，为什么这样的行为会令人讨厌，而且还要制定一些家庭成员都该遵守的准则。

（6）教会孩子一些放松的技巧。为了让孩子缓解紧张压力、精神放松，我们可以教孩子一些技巧，如深呼吸、慢跑、打一场球、睡觉、洗热水澡等，这些都是很有作用的。

（7）创造欢乐的家庭气氛。假如孩子有时有紧张或焦躁情绪，家长有趣的玩笑或幽默的语言会对缓解孩子情绪有很大作用，不要一直给孩子灌输道理。

让孩子大胆地说出心里话

　　孩子内心的话你是否能真的知道？ 孩子有了心里话该对谁说？ 关于儿童的调查表明，他们烦躁或苦恼时，在选择倾诉对象方面，老师不如家长，这也就意味着他们更愿意跟家长说心里话，不过在家庭生活中家长却很难做到这点。 家长在碰到孩子抵触的态度时，大多数都会大吐苦水：真不知道孩子的真正思想是什么！ 怎么他都不愿意让我知道？ 由此可知，去开启孩子的心扉，真正了解孩子内心所想，是父母必须要做的。

　　要想让孩子真正感受到父母的爱，就要耐心地倾听孩子的诉说，这样可以让孩子更加亲近父母。 孩子把自己的想法告诉父母，也有利于家长对他们进行正确的指导。

　　很多父母即便跟孩子整天在一起，也还是对他们不了解。无法了解孩子的意见，就难以有效地指导孩子成为自己所希望成为的人。 父母可以与孩子下棋、一起听音乐、看球赛、游泳，培养和孩子的共同爱好，从而使父母和孩子能更好地交流。

　　家长下班后应该常常与孩子聊天说笑，培养情趣，共享欢乐。 父母首先要亲近孩子，得到他的信任，他才会主动说出自己的所想。 孩子只有对自己感觉亲近的人，才会无所顾忌地交流。

要让孩子信任你，就要让他感觉到你是信任他的。 平常和孩子的相处模式，应当是轻松和快乐的，和孩子就要像和朋友一样谈天、玩乐、打闹、开玩笑，让幽默和情趣充满整个家庭。 另外和孩子讲话时，要让孩子看着自己，自己也要以信任的眼光看待他，这样本身也是一种沟通与交流。

有个孩子刚从奶奶家被接到父母家，一次母亲将炒好的鸡蛋端到桌上，然后回到厨房继续炒其他菜，这个孩子很快就把鸡蛋吃完了。 母亲再次来到桌旁看见鸡蛋被他吃完了，没有责备他，只是对他说："我们都还没吃呢，你自己怎么就吃完了呢？"孩子没说话，却偷偷地哭了。

妈妈说："你干吗这样啊，没打你没骂你，你为什么哭？"在询问后才知道，在奶奶家时，奶奶都是这样让他吃的，并且还会表扬他呢，但奶奶从没告诉他，当别人还没来得及吃时，自己不能把饭都吃完。 母亲给孩子耐心地讲完道理后，孩子从此懂得了做事情不能太自私，要想着身边人的道理。

如果那位母亲只是对孩子的错误进行责备，那就只能让孩子受到委屈而得不到教育。 一般孩子考虑事情，都是非常幼稚和单纯的，这时父母万万不能妄下评论，不能对他轻视或嘲笑，反而要仔细听取他的意见，和他一起探讨如何解决问题。

让孩子先说，然后父母再加以评论和引导，要看重事情的现状，分析得失利害，让他自己独立认真面对困难挫折。孩子把心里话说出来，即使有时会非常荒唐，父母也不要嘲笑，更不能加以责骂。父母要让孩子把自己的意见说出来，而且要让孩子知道父母是很重视他的。

孩子在成长过程中会做错事、说错话，这是不可避免的。针对这个情况，父母应该耐心地开导，让孩子明确地知道自己错在哪里。

1. 多和孩子聊天

现在大多数的父母整天都很忙碌。赶快洗澡、赶快吃饭、赶快写功课、赶快……这是一般的家长经常挂在嘴边的话。每天都这么急急忙忙，就没有时间和心情与孩子聊天。但是，不常常和孩子聊天，又如何知道孩子在想些什么、做些什么呢？

无论再忙，也要找出时间和孩子聊天，这才是合格的父母应该做的事。经常和孩子谈话，多倾听孩子的想法，也适当地给孩子说些道理听，适当地给孩子一些管教，让孩子明白是非对错。在孩子即将犯错时，一股约束力量自然就会出现在心里——这种事爸爸妈妈曾跟我讲过不应该这样做——这样也就避免了错误的发生。

2. 学习倾听孩子的话语

大部分人都喜欢诉说，而不喜欢倾听，特别是父母对孩子，更是滔滔不绝地对孩子说"要乖乖听家长的话"。但是这样又怎么会知道他的真正想法？不听孩子说话，又怎么能了解他、教育他？ 因此，父母想让孩子听话，首先要学会倾听孩子的话。

在孩子说事时，父母不要总想打断孩子的话，只要时不时对孩子点头微笑示意，或说几句简单的话鼓励他接着说就行了。 假如孩子感觉到父母感兴趣，那他一定也会有兴趣继续跟你说话。

"懒得理你"是很多孩子经常挂在嘴边的，当孩子对父母感到失望，就会用这种态度对待父母。 因为，如果孩子长时间和父母沟通效果都不好，他们就会干脆什么都不说了。 是什么导致沟通不良？ 孩子以前也许是很喜爱和父母说话的，但经常是刚开口说话，就立刻招来一顿骂，这样久而久之，孩子就不愿意再多和父母说了。 谈心、聊天是沟通的开始，而良好的沟通除了能了解孩子的动向，也有利于改善父母和孩子之间的关系。

发现并预防孩子的自卑心理

孩子如果从小就自卑，那就是一种性格缺陷。毋庸置疑，自卑的性格不仅会影响孩子的心理健康，而且对其未来人生的发展都将产生不利影响。

1. 儿童自卑的早期征兆

家长必须随时关心孩子有没有出现自卑心理，如果有，要帮助他们尽早克服和纠正，以免形成自卑性格。孩子如果有自卑心理一般会有下面表现：

（1）情绪一直处在低落之中。假如孩子总是无原因就不开心，那就很可能是因为自卑心理导致的。

（2）过度害羞。从来不敢在其他孩子面前表演，一直不愿意抛头露面，一直不敢和生人接触，等等，这就很可能是因为自卑心理一直侵蚀着孩子的内心。

（3）拒绝交朋结友。一般的正常儿童都很喜欢跟小朋友玩耍，而且非常看重朋友之间的友谊，但自卑的孩子大部分都不太喜欢结交朋友。

（4）难以集中注意力。假如儿童有强烈的自卑感，他们往往会在学习的时候集中不了注意力，或只能集中短时间的注意力，这种情况就是深刻的自卑心在作祟。

（5）经常疑神疑鬼。 如果孩子自卑，就会特别注意别人对他的评价，尤其是一些消极的批评，会让孩子难以接受，甚至还会一直很介意。 长时间下去，他们可能会发展到经常怀疑自己的程度，也会经常无端猜想别人对自己的印象是怎样的。

（6）过分追求表扬。 自卑的儿童会觉得自己"比别人低一等"，但也会比正常的孩子更希望得到家长和老师的夸奖，甚至会采用说谎等不合适的方法，比如考试抄袭、弄虚作假等来达到这一目的。

（7）贬低、妒忌他人。 孩子自卑也可能表现为：经常贬低、妒忌他人，例如可能会因为同桌受到老师称赞晚上睡不着觉。 心理学家认为，这是他们为了减轻自卑产生的心理压力而宣泄情绪的方法，虽然这些大多时候都不起作用。

（8）自暴自弃。 自卑的孩子总是会不求上进、破罐破摔，觉得自己怎么样都不行，即使努力也是白费。 有些孩子甚至还会表现出自虐：比如故意在路上乱跑、在深夜里自己独自出行、生病时拒绝看医生吃药等，就好像是故意让自己处在危险或困境之中。 如果家长责备惩罚他，他便以自己本来就比别人笨来说服自己。

（9）回避竞争、竞赛。 虽然有些自卑的孩子非常希望能有一鸣惊人的成绩，但对自己的能力又无一例外地缺乏必需的自信心，因此觉得自己肯定不可能得第一。 因此，大部分自卑的孩子都是尽可能地不参与任何竞赛，即使有些自卑的孩子在别人的鼓励下报名参加了比赛，但总在比赛开始时又没勇气去了。

（10）语言表达较差。 据研究，自卑的儿童大部分语言表达能力差。 他们一般说话结巴，或不能说连贯的长句子，或没有感情地说话，或词汇量不够，等等。 相关研究者认为，这极有可能是由于这种自卑感让他们的大脑不能进行正常的活动。

（11）对挫折或疾病难以承受。 如果孩子有自卑心理，那么他一般难以承受其他小孩可以承受的各种压力，即使是遇到很小的失败或很轻的疾病也会觉得很难受，甚至有时会对比如搬家、家人得病、亲人去世等都绝对不能接受。

2. 消除自卑的方法

家长应该经常对孩子说：很多人都会有自己的缺点，也都会有自卑感，克服自卑感才是关键的。 亚里士多德、达尔文、伊索、拿破仑他们都有结巴的毛病，亚历山大、莫扎特、贝多芬、拜伦都产生过自卑感，因为他们都有身体上的缺陷，而且还有口吃等疾病，不过他们并没有因此而灰心丧气，而且还跟生活抗争，更坚定自己能成大事，最后也都获得了成功。在孩子知道了这些名人的事迹后，慢慢也会对自己有信心了。

要想让孩子克服自卑心，首先家长应有足够的信心，这样孩子才会有信心。 父母要经常告诉孩子，让他懂得每个人都有各自的优势和劣势，不要只关注自己的劣势。

（1）鼓励学习，增强自信。 很多小孩具有好奇、幼稚、缺乏自信的性格特性。 每一点小小的进步他们都十分在乎，希望得到大人的肯定。 家长和老师要鼓励孩子学习，真诚地称赞他们取得的微小的成绩，让他们真切地认识到，他们只要努力肯定是能学好的，这样孩子就会渐渐地树立起自信心。

（2）发挥特长，提升自信。 每个孩子都有自己的个性特色，他们智力的发展也是不平衡的。 小亮的学习成绩并不突出，不过他却有天生的一副好嗓音，朗诵课文时声情并茂，家长和老师让他充分发挥特长，担任学校广播站的播音员，这样他不但让自己的特长得到了相应的发挥，学习成绩还有了提高，自信心自然也就提高了。

（3）创设情境，培养自信。 要重视孩子的语言能力。语言环境的缺乏会阻碍学业的进步。 要尊重孩子的情感和意见，创造安全的语言环境，让孩子自由发表自己的意见，鼓励孩子在课上经常发言，以增强他们的自信心。

（4）指导实践，提高自信。 不论是不是学习上的实践活动，都要鼓励孩子积极参加，要教会孩子自己动脑解决问题。如果他们经常能体验到成功的快乐，那么就能提高自信心。高度的自信和开放的创造性是紧密相关的。 研究证明，只有具有创造力的孩子，才能充满自信心，冷静沉着，独立思考问题，才能不断取得学习成绩的进步，不断提高学习的效率。

用温和的建议给孩子的心灵松绑

孩子的心灵一般都比较脆弱，很容易受伤，家长粗暴武断的教育方法不但不会有作用，有时甚至会起到反效果。只有温和真诚地和孩子沟通才能走到孩子的心里。为什么要用温和的建议来对孩子进行教育呢?

第一，温和的建议能够让孩子的心理压力大大减少。大部分孩子都害怕被批评，这就产生了一种潜在的心理压力，父母只要对他稍加呵斥，他就立刻会产生心理压力，就会想到父母会如何处理他，从而变得焦躁惶恐、紧张万分；与此同时，孩子自我保护的本能又会让他们做出一些防御措施，因而会在父母面前不愿也不敢说出真情。这个时候，假如父母能用和蔼的、温和的建议开导孩子，孩子就能在心理上获得宽慰，紧张的神经就会渐渐放松，稳定了情绪，也更容易接受父母给自己的建议了。

第二，温和的建议会把孩子的逆反心理减弱甚至消除。很多孩子从小就受到父母过于严厉的斥责，可以说这些斥责伴随着他们的成长。这些孩子眼里的父母，是不可亲近的，甚至是令人憎恨的。这种强烈对立的情绪，往往会使孩子拒绝父母的要求，甚至有时反其道而行之，特意跟父母对着干。由此可见，严厉训斥只能让孩子对家长更加产生抵触情绪。

温和的建议，心平气和地说事，会给孩子一种良性暗示，孩子就会接受父母的训导。假如长时间一直这么做，孩子的逆反心理自然会慢慢消失，而且他会循着父母的良好轨迹生活。

第三，与孩子谈话要用温和的建议，这样可以把父母和孩子之间心理的距离缩短，增进父母和孩子的亲密关系。相反的，那些一直保持着自己尊严的父母总是对孩子严厉地训斥，这样会妨碍到父母和孩子的心理沟通和情感交流。

总而言之，与孩子沟通要用温和的建议，这样比较适合孩子的个性和心理需求，父母和孩子之间的思想交流和情感沟通就会更加顺畅，从而让孩子尊敬并信赖父母，听从父母讲的道理。

假如父母用威严的语气命令孩子，孩子会拒绝，因为他们觉得如果对你让步，那就表示自己软弱。有些父母大声怒吼孩子："别吵，别乱叫！""大人说话孩子别乱说话！"这时候，孩子也会变得蛮不讲理，态度往往会强硬起来。如果用温和的言语寻求孩子的意见，他们会愿意实现你的愿望。要温和并且友好地问："你究竟是怎么想的？"或者说："让我们一块讨论这件事该怎么办吧！"这样孩子也会很正式地考虑你提出的问题了。

杰杰是一个既聪明又乖巧的孩子。有一次，他和妈妈去姑姑家玩，却发生了一些不愉快的事情：到了姑姑家以后，因为妈妈和姑姑很久没见，因此两人聊了很久。杰杰和小表弟原本玩得也挺好，但是快要吃饭了，杰杰却嚷着非要回家。这时妈妈和姑姑正聊得开心，对杰杰的话没在意，随口说了句："一边去……"然后杰杰竟然在地上打起滚来了。妈妈觉得很窘迫，抬起手就打了杰杰。这下杰杰闹得更欢了，姑姑只好让他们回家。好端端的一场聚会就这样不欢而散了。假如妈妈对杰杰态度再好一些，也许这种尴尬的局面就不会发生。

在孩子有问题时，父母不应该用粗暴的方法来管教，可以尝试一下用温和的方法来教导，效果会与之前大不相同。

1．以体恤和宽容孩子为出发点

孩子处于边成长边学习的过程。所以，在面对孩子的问题时，父母应该加以理解、体恤和宽容孩子，而不能控制不住地发脾气。只有这样，才能理性看待孩子身上出现的问题。

2．针对孩子的情况提出建议

父母应该从孩子的实际情况出发，来提出一些具有可行性的建议，只有这样才能事半功倍，起到良好的效果。不然，没用的建议一大堆反而让孩子更加反感。

3．尊重孩子的选择和意愿

为孩子提建议是应该的，不要觉得一定要孩子听，如果这样的话，那就是"命令"，而不是"建议"了。孩子也是有自己的选择权的，对于家长的意见，无论他们能不能听取，都要对孩子尊重，不能强迫或者威胁孩子。

4. 爱意融融，用温情打动孩子

父母给孩子充满真心的建议最有效。所以，最有效的打开孩子心灵的方法就是用温和的建议，这样的建议孩子才会采取。只有真诚地教育孩子，才会收到良好的效果。父母要用温情去照耀孩子的心，这样才能让孩子生活在充满爱的环境中。

引导孩子树立正确的竞争意识

    小军特别喜欢跟别人比赛，一旦赢了就很得意，输了则会大发脾气。上幼儿园大班后，他总是喜欢占上风，喜欢跟同伴比，不管是踢球还是别的事情，一定要超过别人。有一天，他竟然还说："我是我们班第一个换牙的。"父母被他搞得手足无措。

    小军父母觉得十分矛盾，孩子现在的状态虽然不好，不过在竞争激烈的社会大环境中，这种竞争意识还是很好的，如果淡化了孩子的这种竞争意识，对他未来在社会上的生活是不是也不利？父母内心的这种矛盾让他们不能正确地教导孩子。他们既想让孩子轻松学习，体会童年的快乐，不要害怕自己不是最棒的，又想让孩子通过自己的努力在竞争中获得成功。小军的父母不知道到底该让孩子树立怎样的竞争意识。

1. 培养孩子正确的竞争意识

    自我意识的发展与竞争意识密切相关，在与他人的比较之下才能体现出自我意识。 这一意识发展的重要期是幼儿期，为了让孩子的这种心理得到更好的发展，家长需要教导孩子展现自己的独立人格。 孩子自我意识发展的一大表现就是竞争意识的萌芽，当家长意识到孩子发展自我意识时要及时进行鼓励。

2. 培养和发展孩子的个性

竞争状态能激发很多孩子不易觉察的潜能，家长如果能正确地把握，便会促使孩子更好地发挥。 心理学研究发现，个性和竞争能力密不可分，个性良好的孩子，能更积极理智地处理问题。 家长应该针对孩子本身的个性和兴趣特长，让孩子建立完整的人格，让孩子变成一个愈战愈强的人。

但一般自我意识强烈的孩子，通常情况下还不知道怎么跟别人相处。 家长应该让他知道：如果他争强好胜，反而会让大家不高兴，这样会失去友谊。

3. 端正孩子的竞争心态

假如孩子的竞争心太强，家长应该先着手端正孩子的心态，使孩子懂得竞争是个机会，可以更好地展示自己，这其实也是一件美好的事情，要从容地看待竞争中的成败得失，避免嫉妒或骄傲自满，学会面对挫折，并且诚心诚意地祝福对手。孩子应该知道，在竞争中胜利虽然是一件值得骄傲的事情，不过保持和同学之间的良好合作关系也是必需的。

高情商家教思维

1. 你的孩子的性格属于乐观派还是悲观派？ 请举例说明。

   _____

   _____

2. 当孩子突然变得爱焦虑时，你会通过哪些渠道来寻找原因？

   _____

   _____

3. 你经常和孩子沟通吗？ 当孩子向你倾诉烦恼时，你会耐心
   倾听吗？

   _____

   _____

   _____

4. 你会鼓励孩子勇敢面对竞争吗？ 你如何激励孩子发挥自身
   的特长？

   _____

   _____

   _____

5. 你属于温和型的家长还是威严型的家长？ 你会重视孩子的
   建议和想法吗？

   _____

   _____

   _____

   _____

第四章

6～12 岁，给孩子一个好头脑

让孩子学会思考

　　心理学家认为，人的智能结构一般是由观察力、记忆力、注意力、想象力、思维能力、语言表达能力以及动手操作能力构成的，其中，思维能力是智能活动的核心。要想让孩子聪明，就要让孩子多思考。日常生活中所说的"让我想一想""我再考虑考虑"中的"想""考虑"指的就是思维。思维是人们思考问题的方式，是认识客观事物的过程。思维能力就是分析解决问题的能力。

　　从形象思维到抽象思维是孩子的思维发展过程。3 岁以前的孩子，主要靠感知和动作认识世界，他的思维方式主要是动作思维。他们只有在听、看、触摸的过程中，才能进行思维活动。例如，婴幼儿在玩玩具的时候经常一边想一边玩，如果动作停止了，他的思维活动也就随之停止。3 岁后，他可以依靠头脑中的表象和具体事物的联想展开思维，他能摆脱具体行动，运用已经知道的、见过的、听过的知识来思考问题。这时，孩子的思维开始转向形象思维，也就是他的行为是依靠一个具体形象来开展的。5 岁后，孩子从理解事物个体发展到理解事物关系，从依靠具体形象的理解过渡到主要依靠语言进行理解，能够对事物进行比较复杂、深刻的评价。这时，孩子的形象思维开始占主导地位，并且已经初步出现抽象逻辑思维。比如，五六岁的孩子在看电视时可以分辨出谁是好人，谁是坏人，而且还有自己的认知。

"教育就是教人学会思考。"一个人智力水平的高低主要通过思维能力反映出来。对孩子的教育有双重目的：一是掌握知识，二是发展思维能力。一部分父母和教师往往只注意前者而忽略了后者，这就是为什么现在出现了很多"高分低能"的孩子的原因。可见，培养孩子的思维能力是很重要的。

那么，怎么做才能让孩子喜欢思考呢？

1. 培养孩子独立思考的能力

当孩子碰到难题时，不习惯自己去寻找答案，总希望父母直接给他答案。父母往往对孩子有问必答，虽然解决了孩子当时的问题，但从长远来看，这对孩子智力的发展没有任何好处，因为孩子会养成依赖父母的习惯，遇到问题时不会独立思考。因此，在孩子遇到困难、寻找答案的过程中，聪明的父母会启发孩子自己去想、去分析，运用学过的知识和经验，或者看书、查参考资料等，自己寻找答案。如果孩子实在无法独立解决问题，父母可以示范，通过请教他人、查阅资料、反复思考等方法，让孩子学习思考的方法，这对孩子的影响是非常大的。

2. 对孩子发问要掌握技巧

父母要想提高孩子的思维能力，就要多向孩子发问。问题是思维的起点，如果孩子经常面对各种问题，并且努力解决，那么，他的思维就会比较活跃。向孩子发问，最好依据孩子的能力选择问题。不要只问对或错的封闭式问题，问孩子问题是需要技巧的。可以问一些没有唯一答案的开放性问题，如：如果让你去郊游，你会选择哪里？为什么要选择这个地方？马克笔有什么用途？

3. 营造民主的家庭氛围

调查显示，在专制的家庭气氛中成长的孩子，总是不敢畅所欲言，容易受父母的暗示而改变主意，或者动摇于各种见解之间，或者盲从附和随大流，缺少主见，这就影响了其思维独立性的发展。而在平等的家庭氛围中成长的孩子，敢于发表自己的意见，思维比较活跃，分析问题也比较透彻，能提出一些有建设性的建议。因此，对于孩子的正确意见，父母应该肯定、表扬，让孩子增强发表意见的信心。即使有些意见不那么切合实际，作为父母也应鼓励孩子敢于发表自己的看法，让其说完，然后再陈述自己的想法。

4. 引导孩子的探索精神

通常，孩子的好奇心比较重，每当见到一个新事物，总想更深入全面地了解，往往会不自觉地摸摸、问问、拆一拆、装一装，喜欢刨根问底。很多父母不理解孩子的这些行为，并为此感到烦恼，总是因此而责骂孩子。实际上，这些都表现了孩子强烈的求知欲，如果父母一味地斥责，将不利于孩子形成积极的思维。

其实，孩子的这些怪异行为及异想天开就是"发散思维"

或"求异思维"。 正确的做法应当是因势利导，鼓励孩子的探索精神。 比如，鼓励孩子突破常规思维，从其他角度思考问题，孩子就能够发现平时盛水的杯子可以用来当乐器敲击。这种发散性的思维训练能够训练孩子在解决问题时从多方面考虑，从而提高孩子的学习兴趣和思维能力。

5. 让孩子独立处理问题

不管是在生活中还是在学习中，孩子们总是会遇到各种各样的问题。 这时候，父母不要直接帮助孩子解决问题，孩子需要独立分析、归纳、解决问题的机会。 这对于提高孩子的思维能力和解决实际问题的能力大有好处。 如果问题相当棘手，父母则应当与孩子一起讨论，一同找出解决方法。

6. 丰富孩子的视野与经验

父母要注意丰富孩子的视野与经验，让孩子拓展思维的领域。 很多孩子之所以不能很好地思考，不是因为思考方法不明确，而是由于没有足够的知识和经验。 孩子的知识越丰富，在逻辑思考或推理时，思维就越活跃。

7. 培养孩子的推理能力

推理能力是一种重要的思考能力，父母平常就应该对孩子解释一些概念性的事物，以便培养其推理能力。

让想象展开翅膀

    双胞胎兄弟小聪和小明上三年级了。两个孩子从小就热爱绘画，有丰富的想象力，经常做一些同龄孩子想不到的事情。弟弟小明更胜一筹。在学校的想象画比赛上，他一举获得第一名的好成绩。

    夏天，爸爸带着两兄弟去游泳。两人都不敢下水。爸爸再三劝说，他们还是不敢下水。直到爸爸替小明买来了救生圈，小明才敢下水。回家后，小明睡前感慨道："如果我是鱼儿就好了，这样就能自由自在地游泳了！还能遇到好多动物，跟它们聊天……"

    "你要是看到蓝天白云，是不是想如果自己是一只小鸟，就可以冲上云霄？"哥哥打趣道。

    "那当然很好！"小明笑个不停。

    听着两兄弟你一言我一语的，爸爸妈妈非常欣慰！

    "想象力是人类创作的源泉。"经历的积累为孩子们提供了更广阔的空间，让他们的想象力不断发展。《西游记》中，孙悟空拥有腾云驾雾的超能力，身怀七十二变，威力无比！ 孙悟空真的存在吗？ 作者是怎样创作出这个神通广大的人物形象的呢？ 答案是想象力。 一直以来，人们就是凭借着想象来进行发明创造的。 一个落地的苹果使牛顿发现了万有引力；瓦特看见水蒸气将壶盖顶起来，蒸汽机被改良了；锯齿形的草割伤了鲁班，锯诞生了……想象的力量是巨大的，因为有想象，我们的世界才变得越来越丰富、越来越美丽。 想象是影响创造力的重要因素之一，想象伴随着孩子们。 认识、体悟、使用新知识都要以想象力为主。 爱因斯坦曾对想象予以高度的评价："运用无限的想象力使有限的知识推动社会不断进步，从而获取更多新知识。"

在实际生活中，孩子的想象随处可见，但我们有时会扼杀孩子的想象，抑制孩子的想象力，教育孩子时，我们要努力排除阻碍孩子想象力发展的障碍。

1. 利用模仿激发孩子的想象力

可以从模仿开始对孩子进行想象力的训练。 效仿他人，逐渐懂得怎样才能抓住事物之间的联系进行想象，不断创新，从而使孩子的创造性想象力得到提高。

2. 帮助孩子积累更多的知识

想象要依靠大量的知识。 大发明家爱迪生从小就勤奋好学，书籍使他获得了大量的知识，这为他以后发挥超常的想象力奠定了坚实的基础。

3. 培养孩子运用语言

丰富的语言表达能力是表述自己想象的必备条件，父母应该培养孩子的语言能力，可以用给故事续编结尾的方式不断训练孩子的语言表达能力。

4. 让孩子多创新

让孩子积极参加科技、美术、体育等课余活动，帮助孩子多思考、多提问，不断提高孩子的想象力。

5. 发展孩子的想象力

现在，很多父母都希望自己的孩子知识渊博，过早地把定性的知识教给孩子，而一旦孩子向自己提问，父母就会进行解答，养成孩子不爱思考的坏习惯。此外，父母科学的回答也会抑制孩子想象力的发展。

6. 多与孩子交流有关"想象力"的问题

父母应经常向孩子提问题，同时确保答案不是唯一的。这样不但可以把孩子的想象力调动起来，还能让孩子得到锻炼。如，你在陪孩子看关于飞机的图书时可以问孩子："飞机会变成什么样呢？你希望造出什么样的飞机呢？你会造出什么样的飞机呢？"这能够激发孩子的求知欲与想象力。

打破常规，突破创新

　　"爸爸，雪化了以后会变成什么？"形形回到家后问道。爸爸用右手把滑到鼻尖的眼镜向上扶了扶，没有回答。形形不高兴了。爸爸说："形形，怎么不高兴了？"形形又重复了一遍自己的问题："爸爸你说，雪化了以后会成为什么？"

　　"雪化了？"爸爸感到很纳闷，不知道形形从哪儿弄来这么一个奇怪的问题。爸爸想了想，回答说："变成水。"

　　形形更不高兴了，说："嗯，我就是这么回答老师的提问的！"

　　"错了吗？"爸爸感到十分惊讶。

　　"老师说不是不对，但这不是最好的。"形形说。

　　"那最好的答案是什么呢？"爸爸有点困惑。

　　形形说："明明说'雪化了就是春天'，老师说他的答案最好！"爸爸狠狠拍了一下自己的脑袋："对啊！"

　　雪化了，说明春天就要来了。摆脱固定的思维模式，才能创造奇迹！

研究证明，一个发育健康的人具有的创新能力是不同的。这种能力越突出，就越能有效地促进其他方面素质的发展，从而提高整体素质。创新意识很重要。创新意识始于孩子打破常规，当孩子能打破常规去想问题时，孩子的创新能力就悄然产生了。

在实际的家庭教育中，有些父母不注重创新。强迫孩子听话，却不管老师和父母的话是否合理，导致孩子被动接受，从而使孩子的创新意识和自主行为都泯灭了。孩子要听话才能得到表扬，这样的做法其实是阻碍了孩子创新能力的提高。

1. 变化教育方式

应该树立各种家庭教育观念，只有实现家庭教育观念的转变，才能培养孩子的创新意识。

2. 注重孩子的特长

伟大的科学家爱因斯坦曾说过："兴趣是最好的老师。"孩子最好的动力就是兴趣。孩子对事物产生浓厚的兴趣，就会全身心地投入其中，并在学习上产生愉悦和积极的情感，继而不断创新。平时，要时刻注意培养孩子创新的兴趣，给孩子选择的权利，鼓励他们大胆想象，积极改变。

3. 教孩子多动手

著名的教育家陶行知先生曾呼吁要解放孩子的头脑，不光让孩子动脑，更要动手。孩子只有亲身实践，才有利于培养他们的创新意识。对爱问问题的孩子提出表扬，孩子爱提问题说明孩子有强烈的求知欲和探索精神。父母不要逢问必答，要鼓励孩子自己动手寻找答案。

4. 引导孩子的求知欲

当有人问大科学家爱因斯坦为什么能够创造出那么多奇迹时，他说："我并没什么天赋，只是爱刨根问底。"探究有利于培养孩子的创新意识，父母要认清这一点，主动引导孩子，从而激发他们的创新意识，使他们的创新能力更上一层楼。

让孩子冲出经验的怪圈

孩子在处理学习、生活上的问题时，慢慢积累了一些方法。由于孩子年龄小、阅历少，他们往往会陷入以往的经验中，不懂得具体问题具体分析，只会生搬硬套。父母要提醒孩子，帮助他冲出经验的怪圈。

奇袭帮助拿破仑取得过无数次胜利。可多次的胜仗却加速了他的失败。赢得多了，人就很容易产生自满的情绪，并且应付新的战争时总是喜欢沿用以前的经验。这说明，应付纷繁复杂的新情况仅仅凭着经验是不行的，用油瓶子装新酒，就相当于作茧自缚，必将导致失败。到了德国时，俄国大将库图佐图创新发明了焦土战术。拿破仑没碰到过，所以在俄军面前显得不知所措。

俄军一看到法军撤退，为了杜绝法军以战养战，因此他们选择烧毁一切物资。敌退我进，法军在沿途中见到的都是熊熊的烈火。

拿破仑震惊地发现，俄军甚至点燃了克里姆林宫。他认为俄国人已经疯了！但是他很快就发现，他们找不到可以补充的物资。面对这样的情景，法军根本无法生存。此时，拿破仑才发现形势十分不妙，下令撤退却已经回天乏术。士气低落的法军在仓皇撤退的途中遭遇了最严重的失败——滑铁卢战役。

拿破仑之所以失败，完全是因为他盲目照搬以前的成功经验。拿破仑最大的敌人是他自己，是他成功的经验铸就了他的失败。

每个人的经历各不相同，同时又会不断地从别人那里学到更多的经验。必须辩证地看待经验，并灵活运用经验。经验是一个矛盾体，用得好，它能够帮助你继续获得成功，反之则是失败。人需要积累经验，但却不能奉行经验主义。

下面讲一个关于"戈迪阿斯之结"的古希腊传说：

只要是外地人到了弗里吉亚城的朱庇特神庙，都会去看戈迪阿斯王的牛车。人们对戈迪阿斯王把牛轭系在车辕上的技巧赞不绝口。

"打出这样结的人真了不起。"有人感叹道。

"你说得没错，但其实更了不起的是能解开这个结的人。"庙里的人说道。

"怎么说？"

"因为谁能够解开这个结，谁就能把全世界变为自己的国家。"这位庙中人解答道。

此后，每年都有成千上万的人来看戈迪阿斯打的结。想要解开这个结的人根本找不到下手的地方。

后来，亚历山大来到了这里。他称霸希腊，曾率领不多的精兵打败了强大的波斯。

"那个奇妙的戈迪阿斯结在哪儿呢?"他询问着。

于是,有人带着他来到了朱庇特神庙,一切都没有变。

他看了看这个结,笑了笑:"过去他们都打不开这个结,只是陷入了固定的思维中,都觉得唯有找到绳头才能打开这个结,我不这样认为,找不到绳头又怎样?"说着,他举起剑砍向绳子,绳子断了。

亚历山大肯定地说:"这样就解开了,难道不对吗?"

接着,他率领他那规模不大、人数不多的军队踏上了征战亚洲之路。

任何人都不能因跟随经验而获得成功,即使再伟大的人也不行。亚历山大为什么能成功地当上"亚洲王",因为实践出真知。我们称那些囿于经验不敢创新的人为效仿者和盲从者,因为他们认为困难就是不可能克服的,总认为这不可能做到,那不太现实,岂料,世界上哪一件新事物的出现不是归功于古往今来的先例破坏者呢?如今我们所拥有的、享受的一切,任何一件都曾是这些先例的破坏者们脑海中的产物。

突破思维定式

妨碍孩子不断创新的往往是已知的知识，而不是未知的知识。想让孩子拥有创新能力，就应当改变孩子的思维定式，变换思维看问题。为了形象地说明思维定式对人判断力的影响，下面来看一个小故事。

李易是一名心理教师。有一次，他给中学里一个特长班的学生做智力测试，这个班里的同学的智商都是超群的。但是李老师却说："这样吧，我来出一道题测试一下你们的智商吧，看你们回答得正不正确。"同学们摩拳擦掌。李老师开始提问题："一位想买钉子的聋哑人来到五金商店，摆了一个手势：立起左手食指，右手握拳砸向左手食指。售货员递给他一把锤子，聋哑人摆摆手。售货员知道了，他要买的是钉子。"

李老师又说："聋哑人出了商店，接着一位盲人进了店门。他想要一把剪刀，那么我问一下大家，盲人怎么做才能买到剪刀呢？"很多同学抢着答道："盲人肯定会这样做。"这些同学伸出两个手指做剪刀状。李老师笑了："这个答案正确吗？盲人开口说要剪刀就好了，那他为什么还要做手势呢？"

　　同学们不说话了，不得不承认自己的回答是错误的。李老师早就预料到这个结果。人如果走不出自己的思维定式，再高的智商也培养不出创新的品质。

　　突破思维定式是打开创新之门的钥匙。丰田喜一郎是丰田汽车的创始人，他曾说过："我之所以能获取成功，是因为我对任何问题都是逆向思考的。"

　　犹太人善于创造商业奇迹，在商业上的成功不仅是因为他们的精明和勤奋，而且与他们善于打破思维定式的创新品质有关。有一个例子很好地表现出犹太人善于打破常规、积极创新的品质。

　　一个犹太人大摇大摆地走到一家银行的贷款部。

　　"请问先生，有什么需要帮助的吗？"银行职员边问边观察这人的穿着：精致的西服、优质的皮鞋、名贵的手表，还有领带上的金夹子。

　　"我要借钱。"

　　"好的，请问您想借多少？"

　　"1美元足够了。"

　　"只借1美元吗？"

　　"对，这样不可以吗？"

"完全可以，要是能有担保，再多点也是可以的。"

"嗯，这些担保够吗？"

犹太人一边说一边拿出了一大堆股票、国债。

"50 万美元借 1 美元，应该够了吧？"

"够了，够了，您当真只借 1 美元吗？"

"没错。"就这样，犹太人接过 1 美元。

"您一年后归还，要付 6% 的利息，我们那时就会把这些股票还给你。"

"好的。"

犹太人一边说着，一边准备从银行离开。

一旁的分行长不明白，一个身怀巨款的人怎么会只借 1 美元呢？他急忙追上前去，说道："先生，请稍等……"

"请问有什么事情吗？"

"您怎么会以 50 万美元借 1 美元呢？即使是借三四十万美元，我们也是很乐意的……"

"希望您不必介怀。因为我来贵行之前发现金库的保险箱费用很高，因此，我把这些股票寄存在这里，毕竟，这样一来，一年的租金只是 6 美分。"

按常理来说，贵重物品应寄存在金库的保险箱里，按照定势思维，这是理所当然的。犹太商人却想出了一个把证券锁在银行保险箱里的办法。从保险程度来说，两者确实都是一样的，只是价格不同。

犹太商人的这种做法就是一种创新。创新是一个民族的灵魂，是一个国家兴旺发达的动力。创新要靠人才，而人才源于良好的教育。每当谈及孩子们的创新，很多父母可能都不以为然，认为孩子尚不懂事，谈何创新？但如果父母仔细观察一下孩子的言行，就会发现其中不乏一些创新的言语和行为。而这些言语和行为，如果能受到正确鼓励、引导，并加以不断培养和训练，就可能形成一种思维方式，这种思维方式将会让孩子在今后的学习和生活中受益匪浅。

让孩子掌握几种思维方法

思路就是思维方法的俗称，即思考问题的路线、途径。思考问题都会遵循一定的路线途径，采用不同的思维方法。当孩子遇到困难进行思考的时候，父母应引导他们学会用正确的思维方法，这样就能轻易找到解决问题的方法。下面提供三种思维方法，供大家参考。

1. 发散思维法

发散思维，又称辐散思维、求异思维，是转换不同的角度，从不同方面寻求答案的多样性的一种展开性思维方式。发散思维能够从不同角度、不同方向，通过不同方法或途径对给出的信息进行分析，并解决问题。发散思维要靠想象力来实现。发散思维是创新思维最重要的组成部分之一。

在一次欧洲篮球锦标赛上，保加利亚队在与捷克斯洛伐克队对战时，以2分领先，比赛还剩下8秒结束。一般情况下，保加利亚队已胜券在握。然而，循环赛制下，保加利亚队要取胜必须赢球超过 5 分。8 秒钟得 3 分，这并不是件容易的事。

这时，保加利亚队暂停了比赛。许多人都嘲笑这样的做法，认为他们被淘汰已成定局，教练这样做只是拖延时间罢了。

再次开始比赛时，球场上出现了令人惊讶的一幕，只见保加利亚队员突然运球跑向自家篮下，快速起跳投篮，球进了自家篮筐。这时，比赛时间到了。但是，当裁判宣布双方打成平局，需要再举行加时赛时，观众才明白保加利亚队这样做的用意，保加利亚队创造了一次让自己起死回生的机会。保加利亚队在加时赛中赢了 6分，最终成功出线。

发散思维可以激发出人的思维潜能，就像以投入水中的石子为中心开始荡起涟漪一样，通过重新组合新知识、新观念解决困难。

发散思维要求人们在思考问题时向四方扩散，天马行空。发散思维也可称作扩散思维。 它要求人们以某一点为思维的中心，以不同方向、从不同的角度造成扩散。

如果你仔细观察天底下的许多事情，就能够在很多事物的个性中总结出共性。 下面有个例子。

作为美国最重要的汽车品牌之一的福特汽车，销量一直处在领先地位。亨利·福特在创办公司之前一直考量着如何扩大生产规模，降低成本，增强竞争力。有一天晚上，亨利·福特给孩子讲猪和野狼的故事时，灵机一动，觉得第二天应该到猪肉加工厂去转转，或许会发现一些新的东西。经过观察猪肉加工厂的作业模式，他认识到，工人们都有各自固定的工作，每名工人只做固定的部分，剩下的流向另一项生产线，这样，加工肉品的生产效率是很高的。

他想，生产肉品的作业方式也可以用于汽车制造。运输带的工作方式同样适用于汽车业，生产流程中的每一个操作员只负责装配其中的某一部分，不再负责车的整个流程。亨利·福特采用的分工作业的生产方式的确达到了他预先的期望，提高了福特公司的竞争力，同时也变成以后不同车厂的生产作业方式。

转换角度，求同存异。 我们常常能在一些不相关的事物上找到灵感，受到启发，这项能力能帮助我们求同存异。在看来似乎毫无关联的对象中，我们能找出更多的相同点，而这些共性往往没有被其他人发现，这就意味着我们成功的机会来临了。 杰出的人往往会摒弃大家惯用的思路，另辟蹊径，转换角度看问题。 所以，当我们提倡要不断开展发散性的思维训练时，其首要因素就是找到事物的这个"点"向外扩散。

美国实业界的大人物华诺德克名不见经传时，与下属一起参加了展销会。令他十分沮丧的是，他被分配到一个很少被人光顾的角落。为他装饰布置摊位的工程师力劝他放弃这个摊位，这里的位置十分不利，成功展览几乎不可能。

仔细思量后的华诺德克觉得如果自己这次放弃了这个机会，那实在是太可惜了。可不可以通过某种方式化解这个不好的位置，吸引更多的人呢？联想自己创业的不易，他想到展销大会组委会对自己的排斥和冷眼，想到如今的尴尬，他的脑海里突然涌现出偏远非洲的景象。他思绪万千，灵机一动：既然这样，我就来扮作非洲人！于是，一个创意产生了。

华诺德克让设计师设计出古阿拉伯宫殿式的氛围，摆设了极具非洲风情的物件，将摊位前的那条荒凉的路改成一片黄澄澄的沙漠。他让雇员穿上非洲人的服装，甚至运输货物的工具也变成了动物园里的双峰骆驼。他还特地定制了大量气球，准备用于展销会上。展销会一开幕，华诺德克示意之后，无数气球纷纷升起，然后自行爆炸，里面的胶片撒落下来，胶片上写着："女士们先生们，捡到了这个胶片，你的好运就开始了，祝贺你。请到华诺德克的摊位寻找非洲的宝物。"

无数个碎片撒落在热闹的人群中，消息不胫而走，人们纷纷向这个本来无人问津的摊位聚集。机会与生意就这样来到了华诺德克的面前，而那些黄金地段的摊位反而被人们冷落了。

我们可以从上述这个案例中看出创意的重要性。创意最关键的就是要突破常规，可以天马行空，可以无拘无束。通过一点向外扩散，在常规思路看来根本无法做到的事，有可能会柳暗花明。在生活中，主动运用发散思维，在它的带领下遨游，或许能让你看到许多平日看不到的美妙风景。

2. 联想思维法

联想思维是指人们在头脑中把一种事物与另一种事物的形象相联系，把握事物之间的联系，从而找出解决问题的方法，最终成功解决问题的思维方法。采用这种思维方法，往往能产生出其不意的效果。

这是苏军于1944年4月打算解放克里木半岛时发生的事。6日，春季的彼列科普下起了大雪，此时，天地间全是银装素裹。在温暖的蔽体中，苏军司令看着刚进来的参谋长，只见一层薄薄的雪花落在他的双肩上，在室内的暖气里其边缘部分已经开始融化，肩章显现了出来。司令员灵机一动：雪化时，敌军肯定要抽调兵力清理积雪，其兵力部署就会暴露出来。于是，苏军花费了三个多小时，采用了多种侦查技术，将敌人的兵力部署摸得一清二楚。苏军知己知彼，成功地解放了克里木半岛。

3. 超前思维法

超前思维，是指分析事物时要注意多角度、全方位，把握现在，预测未来，获取他人不知道的信息，做出正确判断。人们一旦掌握了这一方法，就能够给自己很多帮助。

    二战结束后，战胜国决定把联合国设立在美国纽约。可是刚成立的联合国机构没有资金，想要在纽约买地是需要很多资金的，如果要求各国出资，刚刚挂起联合国的牌子就向各国伸手要钱，将产生极大的负面影响。何况二战刚刚结束，各国政府都出现财库空虚等困难，很多国家甚至一直亏空。此时的联合国根本无计可施。

    这时，美国著名的家族财团洛克菲勒家族经过商议，将一块价值 870 万美元的地无条件赠给联合国这个刚挂牌成立的国际性组织。同时，洛克菲勒家族买下了毗连这块地皮的大面积地皮。

    面对这一举动，许多美国大财团都感到十分惊讶，对于任何家族来说，870 万美元都是一笔很大的资金，洛克菲勒家族就这样送出去了，而且还是无条件的。当时，许多人都讽刺他们说："这简直是愚蠢之极！"还有人嘲讽着说："十年之内，著名的洛克菲勒家族财团便会沦落成洛克菲勒家族贫民集团！"

    但出乎大家意料的是，刚建成联合国大楼，周边地价就开始疯涨。很快，不少于赠款金额百倍的巨额财富源源不断地向洛克菲勒家族财团涌入。这个结局，令那些曾经讥笑洛克菲勒家族捐赠之举的财团、商人们都目瞠口呆。

洛克菲勒家族的超前思维是不是让人拍案叫绝呢？父母要培养孩子的超前思维，首先要让孩子多接触社会，接触新鲜的事物和高科技，了解更多的东西才能开阔孩子的视野，从而让孩子具有敏锐的超前意识。

打破常规，敢于标新立异

　　著名的作曲家莫扎特小时候曾师从于伟大的作曲家海顿。有一次莫扎特对海顿说："老师，我写了一段曲子，您肯定弹奏不了。"海顿不以为然地说："怎么可能呢？"

　　莫扎特将自己写好的曲谱递给了海顿，海顿弹了一段时间后惊呼起来："这是什么曲子啊？当两只手分别在钢琴两端弹奏时，怎么会有一个音符出现在键盘中间呢？看来这个曲子是无法弹奏了！"

　　莫扎特却对老师说："老师，让我试试。"只见莫扎特在遇到键盘中间的音符时，便俯下身体，用鼻子弹了出来。海顿对此感慨不已。

　　每个孩子的思维方式都是不一样的。但是，与大多数人不一样的思维并不代表就是不对的，其实，人云亦云的人才是缺乏思考能力的。教育部原总督学柳斌先生曾经讲过这样一个故事：

有一次，柳斌先生到北京光明小学去检查工作，随意走进一间教室听课。当时他推开的是四年级的一个班的教室门。班里正在上语文课，学习课文《麻雀》，这是俄罗斯作家屠格涅夫的作品。

《麻雀》主要讲的是一个猎人带着一条猎狗走在森林里，这时，一只刚出生不久的小麻雀不小心从窝里掉了下来，猎狗一见，就要吃那只小麻雀。猎狗匍匐着向小麻雀靠近。在这危急关头，一只老麻雀"呼"地飞了下来，它一边发出凄惨的叫声，一边用身体挡住了小麻雀。老麻雀的样子非常威猛，与猎狗展开了周旋。猎狗被老麻雀给吓着了，居然倒退了好几步。猎人一见，对麻雀顿生敬意，于是把猎狗给牵走了。

课文讲到这里，老师提出一个问题："同学们，这只老麻雀的行为表现了什么精神？"学生们纷纷回答道："表现了伟大的母爱。"这个答案就是课文的标准答案。这时，有个男学生举起了手："老师，我不同意这个答案！"老师问："为什么？"男同学说："你怎么知道这只老麻雀是母麻雀呢？这篇课文我看了好几遍，没有一个地方说明它是一只母麻雀，怎么能说这是表现了母爱而不是父爱呢？"

老师觉得他说得很有道理，于是表扬道："对，你非常具有独立思考的能力，我们应该把答案改成老麻雀表现了伟大的亲子之爱，包括母爱与父爱。"

这个男孩的聪明就在于敢于质疑标准答案，敢于提出自己的观点。在日常生活中，父母要鼓励孩子发表自己的意见，尤其是要鼓励孩子大胆说出与众不同的想法。 父母甚至可以引导孩子："你有什么特别的想法？""你觉得还有其他不一样的处理方法吗？"当孩子说出与他人不一样的想法时，父母千万不要呵斥孩子，相反，要鼓励孩子，即使孩子提出的想法不完全正确，也要充分肯定他的这种精神，鼓励孩子提出与他人不同的想法。

永远保持一颗好奇心

　　9 岁的小杰喜欢刨根问底。小杰生日时，表舅来到家里做客，送他的礼物是一套科幻漫画，他总是不断地从中提出各种问题。看到小杰如此勤奋好学，妈妈经常鼓励他。

　　一次，小杰放学回到家里，把苹果从冰箱里取出来。他把那个苹果洗了，然后把苹果切成两半，准备递给妈妈一半。

　　"啊！"小杰尖叫了起来。

　　妈妈赶忙过来，问小杰是不是发生了什么事。小杰没有回答，只是盯着苹果。妈妈还以为孩子受到了过度的惊吓。

　　"苹果为什么生虫子了啊？"小杰问妈妈。

　　妈妈这才明白是小杰发现新的问题了，于是告诉小杰苹果生虫子的原因。

　　智慧会在好奇心中迸发。 好奇是孩子的天性，强烈的好奇心会使孩子的求知欲得到增强，有利于创造性思维与想象力的形成。 孩子们经常询问："为什么天上只有一个太阳？"
"我是从哪来的？""月宫里真的有嫦娥吗？"我们在面对孩子的好奇时，往往会不加理会或胡乱回答。

孩子较少了解外部世界，好奇心能帮助他们认识世界，提高其思维和想象力。 反之，如果父母消极对待孩子的好奇心，孩子就会失去了解外部世界的欲望，这会使孩子无法得到满足，甚至影响孩子一生的发展。

（1）让孩子的好奇心得到满足。 如果孩子对电动剃须刀或者其他事物很感兴趣，与其提心吊胆地担心他们破坏，不如把正确的使用方法告诉他们，让他们自己操作。 如，爸爸修电扇时，孩子会围绕着爸爸问问题，这时不要担心孩子在旁边会弄丢零件，而应该给他讲述电扇的功用。 这么做，不仅可以满足孩子的好奇心，还能激发孩子更深层次的好奇心，使他们更加主动地思考。 这样做给了孩子一个满足好奇心的平台，这对孩子更好地积累生活经验是十分有帮助的。

（2）要解放孩子的思想。 由于孩子的认知水平十分有限，因此常常会问一些奇怪的问题或者产生一些奇怪的念头。当孩子对某项事物很感兴趣的时候，就会刨根问底。 父母一定要认真对待孩子的好奇心，不要给孩子套上思维定式。

（3）学会满足孩子的求知欲。 在孩子们的生活环境里，探索资源十分丰富。 家中的任何场所都可能是引发孩子好奇心、培养孩子探究精神的好地方。 平时，要适时地创造满足孩子好奇心的机会和场景。

（4）正确引导孩子的好奇心。 比如，2~3岁的孩子爱敲打东西发声，这时可以给孩子不同样子（圆头的、小而短的等）、不同材料（木头的、橡胶的等）的棍棒，供他们尝试，从而使他们的好奇心得到极大的满足。

　　（5）与孩子的好奇心保持同步。 如果父母对周围事物表现得十分冷淡，对孩子的好奇心不加理会，那么孩子好奇的天性就会无形中受到压制。 因此，父母要与孩子的好奇心保持一致，并且积极寻找解决问题的方法。

高情商家教思维

1. 当孩子向你提问时，你是直接告诉他答案，还是引导他独立思考？

_____

_____

2. 在日常生活中，你是否时常向孩子提问题并耐心倾听他的回答？

_____

_____

3. 你关注孩子感兴趣的事物吗？ 你是否会创造条件让孩子投入他感兴趣的事物中去？

_____

_____

_____

4. 当孩子在做事的时候，你是否会鼓励他采用新的方法和技巧？

_____

_____

_____

5. 你是否关注孩子的思维方式？ 试举一两个例子来说明孩子思维方式的特点。

_____

_____

_____

第五章

6～12 岁，让孩子学会独立与自律

让劳动成为一种习惯

　　情景一：暑假结束了，小伟的妈妈终于长长地松了一口气，可熬过来了，孩子终于开学了！因为在暑假里，12 岁的小伟在家懒懒散散，不是睡懒觉，就是看电视、玩电脑，不但什么家务活也不干，午饭还得让妈妈操心。

　　其实，之所以出现这样的情况，小伟的妈妈也有不可推卸的责任。从小时候开始，小伟的妈妈就什么都不让儿子做，因为家里就这么一个孩子，在小伟两三岁的时候，他的爷爷、奶奶、姥姥、姥爷就轮流来照看他。吃饭有人喂，衣服有人洗，小伟根本什么都不用干。有时候，小伟看到大人做事，也会抢着去做，比如看到妈妈洗衣服，他也想自己洗袜子，看到奶奶扫地，他也想扫一下。可是，小伟的举动常被大人阻止。次数多了，小伟也就懒得去做了。有时候，他在看电视，妈妈扫地扫到他旁边，他连脚都懒得抬一下。有时候妈妈让他拿个什么东西，即使东西就在手边，他也会让妈妈自己来拿。对此，小伟的妈妈无可奈何，只得抱怨养了一个这么懒的孩子。

情景二：杰米今年 15 岁，个头却有一米七几。从小他就与爸爸妈妈来到中国，干家务活对他来说简直就是小菜一碟。假期里，杰米除了每天自己打扫房间之外，还帮助妈妈买菜、洗菜、洗碗，有些夏天的衣服不宜用洗衣机洗的，杰米就主动帮妈妈用手洗。对于干家务，杰米从来没有抱怨过，而且经常很主动地去做。只要有时间，杰米从不让妈妈一个人在家里忙活。

这一切都应归功于杰米妈妈从小的培养。

在杰米上幼儿园的时候，妈妈每天把他接回家的第一件事就是和他一起洗手绢。上小学后，妈妈又开始教杰米洗袜子，让他自己每天收拾作业本、文具盒、书包等。

到了上小学二年级的时候，妈妈开始对杰米提出了周末学洗碗的要求，当杰米学会洗碗以后，每天晚饭的碗几乎都是杰米洗。刚开始的时候，杰米袜子洗不干净，妈妈就等他睡觉后给他重新洗一遍；杰米收拾好的书包，妈妈会当着他的面再检查一遍，看看有没有遗漏什么东西，如果有，妈妈就让他重新收拾一次。

如今，杰米已经上初中二年级了，尽管初中的功课比小学紧张了很多，但是他仍坚持晚饭后洗碗。常常是杰米洗碗的时候妈妈收拾厨房，杰米一边做家务一边汇报学校里发生的大大小小的事情，妈妈也高高兴兴地听着，真是一幅其乐融融的幸福画面。

对杰米而言，做家务已经成为一种习惯。由于这是一种从小养成的习惯，所以，他从来没有把做家务当成一种负担，反而把做家务当成了紧张学习之余的一种调剂。

很多父母认为让孩子做家务劳动是浪费时间和精力，学生应该把有限的精力都投入学习中去，家务劳动不用学，将来总归会做的。 而有些父母从小便让孩子做一些力所能及的事，锻炼孩子的劳动能力。 其实，做家务劳动也是一种技能，而且还是生活中必备的一种技能。 在现实生活中，具有这种技能的人往往比较从容、轻松，而那些不具备这种技能的人常常会手忙脚乱，即使是平平淡淡的日常生活，对他们也是一个沉重的负担。

孩子能不能养成良好的劳动习惯与父母有很大的关系。但有效的教育是需要讲究方法和策略的，父母们不妨从以下几方面做起：

1. 经常向孩子灌输劳动光荣的思想

父母应该让孩子明白，劳动作为谋生的一个必要条件是光荣的。 不管是谁，要生存，就必须劳动，没有人可以不劳而获。

2. 父母自己要以身作则，为孩子做出榜样

如果父母自己都很懒惰，做什么事都不肯动手，却口口声声教育孩子要热爱劳动，这样的教育方式是不能使孩子信服的。 即使家庭条件比较好，父母也不妨经常和孩子一起动手打理家务，通过自己的行为来影响和教育孩子。

3. 有效调动和保护孩子劳动的积极性

不管孩子做得好不好，最好多鼓励少批评。比如孩子拖地时不小心打碎了花瓶，父母可以提醒孩子下次小心点，切不可一味苛责，这样容易挫伤孩子做事的积极性。

4. 要多给孩子提供劳动锻炼的机会

不要过分宠爱孩子，平常孩子自己能做的事尽量让孩子自己去做，每周至少为孩子提供一次劳动的机会。另外，鼓励孩子多参加公益劳动也是不错的选择。当然，为孩子安排劳动要恰当，对一些孩子无力承担的劳动，父母最好不要安排，否则效果往往会适得其反。

让孩子承担力所能及的事

    某大学开学已经一个星期了，但校园里仍处处可以看见慈父慈母的身影，处处可以感受到这沉甸甸的爱。一位著名高等学府的教授先生，千里迢迢把孩子送进了大学。由于学校在安排床位的时候出现了疏忽，把两个人安排在一个床位上。这种小事，让女儿自己去说明一下，问题就可以解决，但教授先生却自己找到了学生公寓管理处。完成了送孩子入学的任务之后该回家了吧，可他就是放不下这颗牵挂的心。每天，女儿在教室里上课，他就在外面扒门缝。估计女儿快下课了，他就先到食堂给女儿买好饭菜，等着女儿来吃。

    先不说此案例的真实性，其实类似的事情我们或多或少都听说过。

    50 年前，我国著名儿童教育家陈鹤琴先生曾针对父母对孩子照料过度的现象说了这样一句话："做母亲的最好只有一只手！" 50 年过去了，今天做父母的对孩子过度照料的现象仍然相当普遍。 特别是在独生子女家庭，这种现象更是有增无减：孩子已经会自己吃饭了，父母还要一口一口地喂；孩子会走路了，父母还非要抱在怀里不可，从这个大人手里传到另一个大人手里，不让孩子的双脚着地走路。

舐犊之情，人皆有之。但是，过分地宠，过分地娇，只能培养出事事依赖父母的"小绵羊"。

孩子的生活自理能力并不是什么鸡毛蒜皮的小事情，它不仅关系到孩子生活是否舒适，也关系到孩子有没有自信心。具备生活能力的孩子，什么事情都会做，什么事情都难不住他，他的自信心就会很强。而缺乏生活自理能力、事事不会做、处处有困难的孩子，不仅生活上会遭受许多磨难，还会逐步滋长自卑心理，以致在学习和工作中也觉得自己处处不如人。

每一位深爱孩子的家长和教师，一定要立足于孩子的未来发展，在爱孩子的同时，要保持理智。每一位家长都要充分认识到，今天的孩子，是未来社会的公民，他们最终总是要离开父母，走向独立生活道路的。他们未来生活的好坏，关键在于是否具备未来社会和未来生活所要求的基本素质。

时代的车轮已经跨进了 21 世纪，资格社会已经在向能力社会转变，呼唤能力已经成为绝大多数人的共识。而我们的一些家长，仍然对孩子管得太多。幼年时期，家长管吃饭、管穿衣、管睡觉、管游戏；上学后管接送、管学习、管作业、管书包、管文具，一直管到上了中学、上了大学，把行李送到了宿舍以后还会依依不舍，甚至陪读。如此下去，孩子的独立能力和实践能力怎么培养？不退化才是怪事！

所以，为了孩子将来能把事情做得更好，我们建议家长们一定要大胆地把手放开，让孩子从解决自己身边的问题开始。

对于让孩子做力所能及的事情这个问题，专家建议家长从以下两点入手：

1. 父母要端正认识

父母要充分认识到从小培养孩子自理、自立能力的重要性，让孩子及早学会独立。

2. 给孩子提供独立锻炼的机会

在生活中，父母要有意识地锻炼孩子对日常生活的处理能力，使他在种种锻炼中逐步提高自己的独立性。

教孩子掌握必要的生存技能

情景一：有一个 15 岁的男孩，学习成绩很好，但是什么都不会做。

有一次，这个男孩看到街上有一个小孩自己做手工制品来卖，回家后就嚷嚷着也要去学，说以后也要像那个小孩子一样自己挣钱。可是他的父母却很不屑地说："学什么呀，浪费时间，我们又不指望着手工艺品当饭吃，如果想要，我们可以去买很多。你只要好好学习，别的什么都不必做，爸妈早就给你存了很多钱，够你花的了。"

情景二：在一个晴朗的星期天上午，美国富翁杰里带着 3 个孩子去修停在沙滩上的小木船。

船板上放着一个大大的工具箱，里头摆满了钳子、剪刀、扳手、榔头等工具。

"哦，爸爸，我们该怎么干呢？我可是没有什么头绪的！"女儿爱丽斯站在舱里皱起眉头对爸爸说。

"孩子，别着急，我们先分工，我相信，我们会很快、很好地完成这些工作！"

他指着船甲板上一块松动的木板说："我们就先从这儿钉起吧。爱丽斯，你来压住这块调皮的木板。"

"乔治，你这个小家伙，不要东看西看了，快去把旁边那个大钉子和锤子拿来！"

听了爸爸的吩咐，小乔治跳到了放锤子和钉子的地方，将它们拿到了手。看到儿子把工具拿来，爸爸说："我聪明的孩子，你们自己动手好了。你们的爸爸得坐下来休息一会儿！现在要看你们的表现了！"

说完这些，杰里就一屁股坐到了4岁的小女儿菲比的身边，和小菲比玩了起来。

但是，还不到5分钟，正在修理小船的两姐弟就吵了起来。

"乔治，你这可恶的笨蛋，你想用钉子钉住我的手吗？"

"这不是我的错，都怪这个钉子，它不听我的使唤！"

"天啊，还是我来握锤子好了。你那该死的手，只在吃巧克力时比较灵活！"

"嗨，你难道比我强很多吗？你看看你是怎么压的木板吧，根本就不平整，一头高一头低的，要我怎么钉！"

"哦！喂，喂，我能干的工匠们，不要吵，不要吵，还是让我给你们做个标准的示范吧。我刚才放手让你们干，不过是为了让你们知道光有勇气和蛮力是不够的，还需要掌握一定的技巧，另外再加上十个灵活的手指！"

于是，从怎么握住一颗小小的螺丝，到拧紧这颗螺丝需要使多大的力气；从一只扳手怎么调节开口大小，到怎么做到手脑的结合运用；从不同钳子的种类到钳子的使用方法，杰里头头是道地向两个孩子做了详细的讲解，并让孩子不时地亲自做一下。

很快，两个孩子就又自己动手做了起来。

虽然大家也都认为"授之以渔"比"授之以鱼"更重要，但一到实际生活中，一些父母便不由自主地选择了给孩子"鱼"，而不是"渔"。因为他们都怕孩子累着、伤着、磕着、碰着。

而不同于"授之以鱼"的父母，很多"授之以渔"的家长会教孩子从小认识和使用各种工具及生活中经常使用到的电器。父母经常对孩子说："你应学会使用这些工具，有什么东西坏了，你就可以自己动手去修理。"

下面，我们就来看看"授之以渔"的父母是怎样做的。

"授之以渔"的父母在使用工具包、锯子、锉刀、螺丝刀、钳子等工具时，会顺便一一教给孩子这些工具的名称、用途、性能及安全使用的方法，并且还会教孩子掌握各种工具的操作要领，同时还鼓励孩子在日常生活中正确地使用。六七岁的孩子，父母就教他们使用煤气灶、电饭锅、冰箱和洗衣机等。家里的东西无论哪里出了毛病，父母都会鼓励孩子大胆尝试自己修理，不管是否修得好，父母都不会责备孩子，而是会和孩子一起找出修得不到位的地方，然后再告诉孩子怎么才能做得更好。

有时候，父母还会给孩子提供一些比较安全的小工具，比如餐刀、不带尖的小剪刀、小型的锤子、钳子等，让孩子一边玩一边学，既让孩子了解和掌握了各种工具的种类和功能，又让孩子在使用这些工具的过程中提高了动手的技能。

比如，孩子的玩具车出了问题，"授之以渔"的父亲不是替孩子修理，而是会把孩子叫来和自己一起动手修理。在这个过程中，孩子要忙前忙后地帮爸爸递工具或者帮其他忙。孩子常常是一边忙一边问，而父亲总是很认真地回答孩子的每一个问题，有时候，还让孩子自己动手去做。父子之间俨然是一对平等相处的朋友。

教孩子学会自我管理

　　从圆圆上幼儿园起，妈妈就训练圆圆把自己的东西用过之后放回原处，需要父母做的，让圆圆来提醒，圆圆能做的，父母从不代劳。

　　有一次圆圆上少年官学画忘记了带纸，妈妈看到之后只是在一旁提醒圆圆："再检查一下，有忘记带的东西吗？"圆圆漫不经心地回答"没有"，背起画夹就走了，到了教室才发现没带纸。圆圆想让妈妈代劳，回家取纸，可是妈妈却蹲下身来，语重心长地说："圆圆，自己的事情自己要做好，这次妈妈帮你取回东西，下次你还是会忘记的。自己快回去取吧，下次记住出门前检查好自己的东西。"圆圆虽然心里十分不愿意，但她明白妈妈这样做的用意，就自己跑回家去拿。虽然美术课迟到了，可是圆圆以后却再也没有丢三落四过。

　　当孩子逐渐长大，自我管理的意识便随之增强，但他们可能由于经历尚少，经验也不是很丰富，所以感到困难，不知从何下手。这样就需要父母来指导孩子，教育孩子学会自我管理。

一些人说圆圆的妈妈这样管孩子有些苛刻了，可圆圆的妈妈并不觉得是这样，她认为对孩子来说，惩罚错误的方法，必须是自己去改正，父母替他们改正，永远也"改不正"。这次圆圆虽然上课迟到了，但却从这件事中吸取了深刻的教训，从此，漫不经心、丢三落四的事情再也没有在圆圆身上发生。

事情往往如此，父母替孩子想得太多，孩子就会想得太少，从而在父母无微不至的照顾中去享受；父母事事"不管"，则能调动孩子的思维和四肢自己去管。孩子若能这样管下去，管好自己就是容易的事。从这个意义上说，对孩子少管甚至不管才是最好的"管"。

在许多家庭中，父母对孩子管教越多，造成孩子身上的问题越多的情况是普遍存在的。比如在生活上，保姆式的父母极为常见，在他们的照顾下，孩子五六岁了还不能自己吃饭，上小学了不会穿衣服，上中学了书包也得父母收拾，上大学了洗衣服的事还根本做不了……

这种保姆式的"管"，使孩子没有自己动手的机会，丧失了基本的生存能力；在学习上，甘当"拐杖"的父母比比皆是，陪孩子读书，帮孩子做作业，不惜重金为孩子请家教。

孩子在父母忘我的付出中，渐渐产生了学习上的依赖性。一些在中小学时名列前茅的"尖子生"，一旦上了大学，没有了父母当"拐杖"，就变得寸步难行，学习成绩一落千丈。

这种"拐杖"式的"管"，往往使孩子前功尽弃，功败垂成；在亲子关系上，不少父母以长者自居，言行专制，总是以为孩子什么都不懂，习惯于把自己的想法强加给孩子，期望孩子时时处处按照父母的意愿行事，孩子做这不行，做那不行，应该这样，不应该那样……全由父母支配，结果使得已经有了独立意识、独立人格的孩子的自尊心、上进心受到伤害，父母表面上管了孩子的事，却管不了孩子的心。这种专制式的管教使孩子逆反心理强烈，极易误入歧途。

其实，对孩子管与不管是相辅相成、相互包容的。这就要求父母们要以自身优良的榜样影响孩子，用无声的教诲为孩子展示做人的准则；要以宽容的态度对待孩子，允许孩子在实践过程中跌跟头、犯错误，进而帮助孩子总结教训，树立信心，继续前进；要以理智的方式指导孩子，给孩子指明成长的道路、奋斗的方向，如此便可取得良好的教育效果。

那么，让孩子学会自我管理包括哪些内容呢？父母应从哪些方面入手教会孩子自我管理呢？

1. 父母必须让孩子学会自我管理

作为一个在社会中生活的人，孩子要学会自我管理，首先自己必须是一个有知识、有文化的人，所以孩子要时时刻刻注意教育自己，这就是要进行自我教育。自我教育包含着非常广泛的内容，其中包括生理、心理、思想、知识、能力等多方面。

2. 让孩子学会计划

学会计划就是要孩子对自己的未来进行设计和谋划。它包括四个阶段：学会制订计划、学会执行计划、学会检查计划、学会总结计划。这四个阶段若能很好地完成，那么孩子就会有一个美好的未来。

3. 让孩子学会控制

学会控制是指家长为保证孩子的学习、工作、生活正常进行，与计划一致而采取的一种活动。 学会控制首先要教育孩子有自我控制能力，一个人如果没有自我控制能力，就会盲目行事，很难干好与自己的发展密切相关的事情。

重视培养孩子的独立能力

一所小学四年级的一个班要组织一次拉练野营活动，孩子们兴奋异常。可是当他们把消息告诉父母后，父母们却纷纷表示"震惊"，多数父母强烈反对。孩子们与父母"磨"了好几天，57人中才有30人的父母勉强同意。可是临到出发时，又有几名孩子被他们的爷爷奶奶连哄带劝地拖回去了。

有的父母说："这么小怎么能走这么远的路？路上车撞着怎么办？走不动怎么办？"

有的父母说："什么活动不好搞，学校偏要搞这么危险的活动，出了事谁负责？"

有的父母说："路程太远，如果缩短一半，还可以考虑。"

父母的爱心可嘉，可是像案例中的这种爱子方式却是错误的。我们常见的情况是，孩子玩耍时，父母常常紧跟在孩子后面，大声地喊叫"别跑，当心摔着！""别走远了，危险！"等。当孩子不小心被绊倒时，父母赶快上前抱起来，又拍又哄，孩子本来并没有哭，这时反倒大哭起来。但正确的行为应是，孩子玩耍时母亲一般都不紧盯着，一旦孩子摔倒了，她们往往只在远处注视，让孩子自己爬起来，孩子也很少哭。

为了保证孩子一生的幸福和安宁，父母们巴不得把孩子捧在手心呵护着。然而，人生充满着风雨，充满着意外和艰辛，不要期待世上凡事皆是一帆风顺。父母应该做的是：从小培养孩子自理自主自强的能力，让他有胆量独立地走向生活，去搏击人生的风风雨雨。

有一位清华大学的学生谈起他小时候的经历时说：

> 我上小学的时候，爸爸妈妈工作很忙，有的时候他们下班后还要到农村收拾庄稼，我就带着弟弟自己做饭吃。蒸馒头、煮面条、烙饼……我几乎尝试着做过了所有的饭，我还帮爸爸妈妈洗衣服，打扫卫生，像个大人一样，而那时我只有 12 岁。
>
> 小学毕业的那年，我家在农村种了 2 公顷地的土豆。从我考完升学考试的第二天开始，每天天刚亮，我就起床到地里锄地。到太阳有一竿子高的时候再回去吃饭，然后又到地里拔草……
>
> 后来的假期里，我都会到农村帮忙干很多活，还到建筑工地当小工，和那些进城打工的农民一起干活……今天，我非常感谢那段生活。

显而易见，那段生活使这位清华大学的学生得到了自理能力的锻炼，这为他今后的生活铺垫了基础。

今天的孩子将面临一个充满竞争的社会，物竞天择，适者生存。优胜劣汰的竞争将使每个人都面临严峻考验。为了使我们的孩子将来能立于不败之地，应该让他们在理性的爱中成长。高尔基说："爱孩子是母鸡也会的事，然而，会教育子女就是一件伟大的事了。"放手让孩子出去开阔眼界，让孩子从小学会独立，在蓝天下自在飞翔。要做到这些，父母可以从以下几点入手：

1. 让孩子自己安排和自己负责

当孩子要带东西出去而忘记带或把带出去的东西忘在外面而生气、发脾气时，父母千万不能包揽责任包办代替，而要让孩子意识到自己的不足，并且学着负责到底。

2. 正确地认识和理解孩子

要了解孩子在各个年龄阶段普遍具备的各种能力，知道孩子在什么年龄会做什么事情。

3. 给予充分的活动自由

孩子的独立自主性是在独立活动中产生和发展的，要培养独立自主的孩子，就应该为他提供独立思考和独立解决问题的机会。

控制自己，让孩子更强大

自制力是一个人取得事业成功的关键因素。在孩子的成长过程中，自制力扮演着重要角色。斯威夫特认为，自制力让人更美。自制力能够让一个人变得更强大。父母如果想让孩子成为主宰自己命运的强者，就要教孩子学会自我调节、自我控制。

成大事者，不可言行无状，应克制自己的言行，这样才能抑制自己的错误和缺点，降低错误程度。高尔基曾言："人要想强而有力，就要有自制力，哪怕再微小。"德国诗人歌德说："游戏人生的人注定一事无成，无法主宰自己，只会成为一个奴隶。"一个想成为强者的人，要想取得事业上的成功，就必须对自己有所约束。

球王贝利在很小的时候就显现出非凡的足球天赋，他总踢着独特的足球——将破布和破报纸塞在大号袜子里，然后尽量把它捏成球状，再用绳子勒紧袜口。在他家门前那条坑坑洼洼的小街上，经常能看到赤脚练球的贝利。虽然他经常摔得皮开肉绽，但他始终不停地向着想象中的大门冲刺。

逐渐，贝利出名了，人们见到他时都会和他打声招呼，还递烟给他。如其他孩子一样，贝利渐渐爱上了吸烟时的那种成长的感觉。

一次，贝利正在街上向别人要烟，被恰巧经过的父亲看到了，父亲的眼神让贝利无法直视。因为他看到父亲眼里深深的忧伤，既绝望又恼怒。

父亲平静地说："我看见你开始抽烟了。"

贝利很羞愧，一言不发。

父亲问道："难道是我看错了吗?"

贝利低着头，嘀咕着说："其实，您没有看错。"

父亲再次克制着问："那么，你抽烟多久了?"

贝利辩解道："我只抽过几次，前几天开始的……"

父亲直接说："味道怎么样? 我从来没抽过烟，烟是什么味道?"贝利说："我不知道。"说话的时候，他浑身的肌肉突然都绷紧了，手不由自主地捂住自己的脸。此时，他察觉到父亲举起了手。然而，没有预料中的巴掌，父亲把他紧紧地搂在了怀中。

父亲语重心长地说："你有成为优秀足球运动员的天分，但你如果抽烟、喝酒，那么你就到此为止了。因为你将无法在一场比赛中随时保持好的状态。你自己好好想想吧。"

父亲从破旧的钱包里拿出仅有的几张皱巴巴的钱，接着说："如果你真的想抽烟，还是自己买比较好，不要再和别人要了，买烟要多少钱?"

贝利感到十分羞愧，因为他看到了父亲的泪水……

从此，贝利再也没有抽过烟。最终，他凭着自己的勤学苦练，成为一代球王。

对于一个人的成长进步，自制力有着十分重要的意义和作用。父母必须教导孩子学会控制自己的情绪，不要被情绪左右，做一个心智成熟的人。任何人都应当树立自我管理意识，随时保持紧迫感。这种紧迫感不能是别人强加于自身的，而是源于自己内心的。

一方面，这种紧迫感源于个人成长和发展的强烈渴望。只有做到了这一点，人们才能自发地管理自己。否则，一个没有发展愿望的人当然不会产生管理自己的意识。

另一方面，这种紧迫感源于对社会现实的深刻认识。如今，管理正在作为一门科学迅速应用于人们生活中的不同领域，科学化正在不断深入整个社会的管理层面，越来越多的人已经开始把管理科学应用于人生过程之中。人们盲目对待人生的时代即将宣告结束，科学化的人生管理时代正在到来。如果人们都能清醒地看到这一点，就会产生一种感受，即自己不改变陈旧的管理方法，必将被他人淘汰。

一旦有了这种觉悟，孩子自然会主动对自己进行科学管理。

成长就是从他律到自律的过程

如今的孩子正处于一个新时代，每时每刻遵守社会的行为规范是每个人都应该做到的，父母要让孩子明白自己作为社会成员的行为应当受到约束，不能伤害别人。只有这样，每一个社会成员才能享受到平等、幸福的生活。

一个要成就大事业的人，不该为所欲为，只有克制自己的言行举止，才能克制小的缺点和错误，避免铸成大错。高尔基曾经说："对自己哪怕是一点小小的克制，人也会变得强大有力。"在日常生活工作中，善于控制自己情绪和约束自己言行是自制力强的表现。能够自觉控制和调节自己言行的人是一个意志坚强的人。一辆只有发动机的汽车，如果不依靠方向盘和刹车的调节，就难以控制，无法避开路上的各种障碍，就会有撞车的危险。如果一个想要有所成就的人缺乏自制力，就等于失去了方向盘和刹车，非常可能"出轨"或者"出格"，更有可能"撞车"或者"翻车"。

一个人如果有比较强的自制力，那么则很大可能能战胜自己，远离灾难。假如他不小心遇到灾祸，也一定能够从容面对，并因祸得福。所以，对平安快乐的人生而言，自制力是极其重要的。

如何让自己的孩子成长为一个有较强自制力的人呢？可以参考下面的一些方法：

1. 进行自我分析

让孩子多分析自己，清楚自己的自制力在哪些活动、哪些情况下比较强，然后列出培养孩子自制力的目标步骤，并且有针对性地进行培养。剖析孩子的欲望，扬长避短，抑制孩子某些不正当的欲望。

2. 提高动机水平

根据心理学的研究结果，一个人的自制力取决于一个人的认识水平和动机水平。一个人如果目标远大，有强烈的成就心理，抵制各种诱惑并摆脱消极情绪的影响就会自觉地进行。他对任何问题的考虑，都着眼于长远目标和事业成就，从而将控制自己的动力掌握在手中。

3. 重视日常小事

学习、生活、工作中的各种小事是培养孩子自制力的好机会。有些微不足道的事情会关系到孩子自制力的形成。如早上能按时起床、严格遵守各种制度、能按时完成学习计划等，长此以往，就会厚积薄发，形成良好的自制力。

4. 拒绝让步迁就

毫不含糊的坚定是培养自制力的关键。每一件事情，只要觉得它不好抑或不对，克制的时候就一定要坚决，拒绝让步迁就。另外，对决定了的某件事情，要坚定不移地付诸行动，不要轻易改变和放弃。执行决定如果半途而废，就会严重削弱自制力。

5. 进行自我暗示和激励

在很大程度上，自制力都表现在自我暗示和激励等意念控制上。父母可以教孩子学会使用意念控制法：在紧张的活动开始前，反复默念一些建立信心、给人以力量的话，或者随身携带座右铭，时刻激励和提醒自己；当困境或诱惑来临时，可以利用口头命令，比如"不要慌"，从自身的心理活动中获得精神力量。

6. 进行自省

当学习时，如果忍不住想看电视，要马上警告自己；当想在困难面前退缩时，马上告诉自己要勇敢。这样往往会用唤起的自尊战胜怯懦，成功地战胜自己。

有一首歌在很多年前就唱红了大江南北，其中有这样一句歌词："外面的世界很精彩，外面的世界很无奈。""外面的世界很精彩"，这个世界本来就应该是五彩缤纷、生动灿烂的，孩子可以在他们感兴趣的领域内自由徜徉。同时，"外面的世界很无奈"，因为很多他律都会约束生活在社会中的人——规定和约束来自外界。这就是世界，自由和规约并存。如果用客观的眼光来看待这个问题，是可以中和这些无奈和精彩的，而一个人从自律走向他律的过程也就是中和的过程。约束自我是首要的，这样有助于形成一个宽松和谐的氛围，在这个和谐宽松的氛围中，更好地维护个人自由往往是一些外界指定的必要规定的目的。 所以，世界就显得不那么无奈了，自己怎么选择和处理才是关键。 如果从少年时期就养成自律，通常可以帮助人成功地适应他律。 在这一过程中，人们并没有失去自由，而是不断地稳固它，受益的最终也一定是自己。

父母可以适当"懒一点"

有一位哲学家说:"世界上能登上金字塔顶的生物只有两种:一种是鹰,一种是蜗牛。不管是天资奇佳的鹰,还是资质平庸的蜗牛,之所以能登上塔尖,极目四望,俯视万里,都离不开两个字——努力。"

我们还可以这样理解这句话:天资奇佳的雄鹰一旦缺少勤奋的精神,那它也只能空振双翅;而行动迟缓的蜗牛一旦缺少勤奋的精神,那它也只能停滞不前。

在生活中,我们经常会看到孩子说"将来我要怎么怎么样""如果是我,我会怎么怎么样"。而实际上呢,他们会这么做:

"儿子,帮妈妈拿一下拖把。"

"我在看动画片呢!你自己拿吧。"

"儿子,周末大扫除,你要干点什么呢?"

"我周末要复习功课,大扫除太浪费时间了!"

每当父母们想让孩子做点什么的时候,孩子总会找各种理由来拒绝父母。有些父母心疼孩子,不舍得孩子吃苦,也不舍得孩子难过,就由着孩子的性子来,什么活儿都不让孩子干。 时间一长，孩子就养成了懒惰的习惯。 心理学家曾说：
"生性懒惰的人不会成为一个成功的人，生性懒惰的人只会成
为一个失败者。 成功只会青睐那些辛勤劳动的人。"可见，
一个人的成功和个人习惯有着必然的联系。

试问，哪位父母不希望自己的孩子将来能成就一番事业
呢？ 所以父母们不仅要让孩子克服懒惰的习性，还要让孩子
知道天下没有免费的午餐。 心理学家经过研究发现：勤于动
手、热爱劳动的孩子大脑发育要比同龄的孩子更加健全。 在
人的大脑中，那些富有创造性的区域只有在劳动中才能被开发
出来，劳动不但可以给孩子带来一个强健的身体，还可以让孩
子的意志变坚强，从而让孩子懂得吃苦耐劳是一种可贵的精
神。 不仅如此，从小就热爱劳动的孩子在成年后会发挥出自
己的潜力，取得更大的成功。 所以说，孩子的动手能力和劳
动能力是靠后天养成的。 父母们应该从小就注意培养孩子这
方面的能力。 就像获得诺贝尔奖的生理学家巴甫洛夫，他的
父亲从小就对他进行严格的训练。

在巴甫洛夫很小的时候，父亲就对他进行劳动教育。
有一天，父亲把巴甫洛夫带到地里，用手指着一块翻好
的地说："儿子，我们把这片地里种满菜吧。"

巴甫洛夫皱着眉头说："爸爸，可我不会呀！"

"不用担心，爸爸来教你。"

就这样，巴甫洛夫开始跟着父亲学种菜了，他拿着
小铲子不停地翻土、丢种子、浇水，一天很快就过去了。
几天后，种子就发了芽，巴甫洛夫觉得这真是一件奇妙
的事情！

几个月后，他们种的菜已经熟了，爸爸就带着巴甫洛夫择菜、除杂草、施肥……后来，父亲又开始让巴甫洛夫学木工活，他买来了凿子、锯子，还有一些木头。他先给儿子做了个实验，做出了一个精美的小板凳，然后再告诉巴甫洛夫板凳是怎么做出来的，好奇的巴甫洛夫便跟着爸爸认真地学了起来。

　　没多久，巴甫洛夫就可以自己做简单的家具了。除了亲手教巴甫洛夫种菜、做木工活外，父亲还教会了他养花、除草、给树木嫁接的方法。

　　巴甫洛夫的父亲认为，孩子勤劳的手就相当于一双立足于社会的脚。

巴甫洛夫的父亲是个好父亲，他把一个父亲的爱都倾注于孩子身上，但却没有让孩子觉得有负担。 巴甫洛夫从小就养成了不怕苦、不怕累、"自己动手，丰衣足食"的良好习惯。这种从小就培养起来的勤劳和耐性，是巴甫洛夫在科学事业上取得巨大成功的重要原因之一。

这里还有一个关于"勤快妈妈"的故事：

　　叶女士有一个11岁的儿子，叫豪豪。豪豪今年上四年级了，在班里，豪豪的成绩排在中间，从一年级到四年级，他的成绩总是这样，不好也不坏。

　　叶女士是一名打字员，先生是工程师，夫妻两人经常去外地出差。因此，豪豪的大部分时间都跟爷爷奶奶在一起。可能是只有一个孙子的原因，奶奶非常疼爱豪豪，总是"帮助"他的生活和学习。比如：怕豪豪削铅笔削到手，就帮他把铅笔削好；怕豪豪背书包累着，就帮他背书包。

爷爷奶奶的过度疼爱让豪豪的动手能力越来越差。每次班级有什么大扫除或者其他活动，豪豪都表现得很差，以致同学们不愿和他做搭档。而豪豪一到这个时候，就会退缩，找各种理由来逃避。

在家里，需要豪豪动手的事情也被叶女士全权代劳了。叶女士总觉得自己是个打字员，学历低人一等，在社会上没有地位，所以她就把所有希望都寄托在豪豪身上。叶女士不光给豪豪报了美术班、外语班、奥数班，还报了作文班。一到周末，叶女士就不辞辛苦地接送豪豪。

豪豪对于妈妈给他安排的各种培训班没有任何兴趣，他喜欢去公园玩，喜欢看公园的花花草草，喜欢看湖里自由自在的小鱼。去年，豪豪还养过小金鱼，但叶女士认为那是在浪费时间，要想考上重点中学，就必须学好奥数，学好英语；要想考进名牌大学，成绩就必须达到她规定的分数。

又到周末了，当叶女士准备送豪豪走的时候，豪豪不得不装病，说不舒服，但他的小伎俩可瞒不过叶女士的"火眼金睛"。

后来，豪豪的这种情况越来越多，叶女士就一直说他"没用""没出息"。为此，叶女士还打过豪豪，因为她心里实在是太着急了。

从这个故事可以看出：爷爷奶奶的过度疼爱让豪豪产生了

依赖心理，从而导致他不愿动手动脑，遇到集体劳动就畏缩不前；妈妈不仅不在意豪豪的兴趣，还硬逼着他学奥数、学外语。他们的这种做法让豪豪产生了一种抵触和厌学的情绪。他的真实想法不被大人所关注，那他能做的就是靠装病来逃避。豪豪装病的事情既反映出妈妈过于严格的要求，也是豪豪意志软弱、不独立、不自强的表现。

在生活中，有很多父母都像叶女士一样，以父母的思想来代替孩子的思想。这样的做法不仅让孩子失去独立思考的机会，不敢大胆说出自己的想法，还让孩子缺少自主自强的意识，遇事只会逃避、畏缩，从而导致孩子缺乏自强意识和独立精神。对于孩子来说，缺乏自强意识是非常严重的问题。

所以，父母们不用"帮助"孩子计划太多，而是要把重点放在培养孩子的自强精神上，让孩子从内心深处学会不断进取。

培养孩子勤奋的美德

　　"宝剑锋从磨砺出，梅花香自苦寒来。"意思是唯有经过辛苦的磨炼才能成功。 成才需要坚忍不拔、吃苦耐劳的精神。

　　"书山有路勤为径，学海无涯苦作舟。"纵览历史，不管是擅长治国的政治家，还是胸怀韬略的军事家；不管是才思敏锐的思想家，还是高超智慧的科学家，他们之所以在事业上取得这么大的成就，都与他们的勤奋分不开。

　　望子成龙、望女成凤是每个家长的心愿，但很多家长往往因为重视孩子的智力开发而忽略培养孩子的好习惯。 想要让孩子真的成才，培养孩子需要恰当的方法，才能激发孩子的斗志，进而才能让孩子获得更大的进步。 下面是对父母的一些建议：

1. 通过劳动促使孩子勤奋

　　不仅要在学习上勤奋，在工作上也要勤奋。 当孩子进入社会，他的勤奋将在工作中直接表现出来。 所以，父母要在孩子小的时候便通过劳动来培养他勤奋工作的好习惯。

（1）父母应该树立勤奋工作的榜样。 很多时候，父母的工作很艰辛，比如在恶劣环境中做一些粗重累的体力劳动，但父母坚持认真去做这些事，孩子也会感受到父母的辛勤从而变得勤奋。

（2）告诉孩子要通过劳动去获得零花钱。 假如孩子想获得更多，就要用自己的双手干活去挣得这额外的零花钱。 这样做可以让孩子懂得要想有收获就要努力干活，如果一个人很懒惰，是什么都得不到的。 孩子经过这样的培养，也就能够勤奋努力地工作了。

2. 让孩子有替父母分忧的孝心与责任感

具备责任心的人一定经受过一番勤奋刻苦的磨砺。 责任旨在不仅需要对自己负责，也要对周围人负责。 懂得父母挣钱不容易的孩子一般会有这样的想法：我一定要为我父母争气，给他们更好的生活。 有了这个目标，他学习会更加勤奋刻苦，也就不会让父母失望了。 所以，孩子有一种对父母的责任感，往往会成为一种激励孩子努力奋斗的动力。

3. 劳逸结合，不烦不腻，提高效率

死缠烂磨的办事效率远远不如劳逸结合的办事效率，其关键在于后者能让孩子采取积极的态度对待事物。 当孩子在做功课时要注意休息，舒缓孩子的紧张情绪，不要时刻保持紧张的精神状态。 学习时间不宜过长，否则，既达不到学习的目的，也容易让孩子感到厌烦，从而使学习效率下降。 总而言

之，对孩子进行教育时，父母要时刻关注孩子的精神状况，让孩子做适当的放松。

4. 循循善诱

无论是意志还是毅力，孩子总是比不过成人，为了使孩子变得勤奋好学，父母不妨对孩子循循善诱——有步骤、有目的地引导孩子学习。不过也需要注意以下的问题：

（1）在孩子学习上需要特别培养，例如，孩子要有一定的知识面，不能局限于某个面。

（2）要注意恰当的教育，在孩子有学习欲望的时候应该适时地引导孩子，让孩子勤奋学习。

（3）要注意适度，孩子还小，不要把孩子当成成人来要求，而且学习的内容要在孩子所能承受的范围内。

（4）父母的态度要平和，要用一颗平常心去对待孩子，引导孩子勤奋学习。若是急于求成，根本得不到想要的效果。

5. 父母要让孩子多听、多接触勤奋的事例

"业精于勤而荒于嬉"，"一分耕耘，一分收获"，这些都体现了勤奋在生活中的重要性。另外，有很多故事都体现了勤奋的道理。例如：古代"凿壁偷光""囊萤映雪"的学习精神；电视上一些著名运动员艰苦的训练、顽强的拼搏等等。让孩子从中了解到，一个害怕付出的人，必将一事无成，因为世界上没有不劳而获。

父母可以跟孩子讲一些勤奋好学的故事，告诉孩子，成功需要的不仅仅是克服各种艰苦条件，还需要勤奋学习。告诉

孩子，克服艰苦条件并且勤奋读书，不是一件容易的事情，在艰难的奋斗中能坚持下来，更需要毅力。 不过只要坚持下来，就会接近成功。

高情商家教思维

1. 在孩子多大的时候，你会开始让他尝试做家务？

2. 当孩子自己试着动手做事时，如果做错了，你是鼓励他还是批评他？

3. 你会通过什么方式来培养孩子的自我管理能力？

4. 当孩子郊游时，你会让孩子自己安排和负责吗？

5. 在培养孩子自律力方面，你有哪些自己认为有效的方法？

第六章

6～12 岁，与孩子一起迎接青春期

正确地看待青春期那些叛逆的孩子

"叛逆"就是不听话，经常不按照父母的意愿做事情。

孩子进入青春期以后，身体发生了之前没有的改变，由于对自己的身体变化并不是很了解，所以他们会因为身体的变化引起心理的烦躁。这时，他们的心态是"半独立、半依赖"的，有了自我意识，可是又无法成熟地面对自己的内心，这种矛盾让他们感到措手不及。若是遇到不开心的人或者事情，他们难免会变得急躁。

不仅如此，现如今的社会环境很复杂，我们接触到的社会观念有所不同，再加上孩子的心智不成熟，若是我们的教育方式不恰当，他们便会不由自主地反对我们，成为一个叛逆者。

那么我们该如何对待青春期的孩子呢？以下几点建议可供参考：

1. 替孩子进入青春期做准备

董亮一直是个爱读书的孩子，上小学五年级的时候，妈妈给他买了一些关于青春期的书。董亮很快就将这些书读完了，还和母亲讨论。他通过阅读书籍为进入青春期做了一些准备。孩子在最初进入青春期的时候，父母可以学习董亮妈妈的做法，给孩子准备有关的书籍，让孩子提前了解这些内容或者和孩子讨论一下这方面的事情，让他有个思想准备，从而在某种程度上避免其产生暴躁、叛逆的心理。

2. 不要老是念叨孩子

闻名中外的教育专家林格的课题组曾对 1000 名小学生做过一次问卷调查。里面有这样一道题：你不喜欢妈妈的哪种行为呢？有将近 600 名的学生回答是唠叨。可以说唠叨是孩子产生逆反心理的最大天敌。被大家誉为"中国式管理之父"的曾仕强教授说："当父母没完没了地给孩子讲各种各样的大道理的时候，孩子总有一天对你的话一个耳朵进一个耳朵出。"没错，孩子在青春期会表现得很暴躁，更容易把父母的话当作耳旁风。

因此，我们必须重视自己的说话方式，尽量不要对青春期的孩子没完没了地千叮咛万嘱咐，更不要总是没事吼他。我们自己一定要清楚，孩子正在一天天地成长，用控制和约束的方法显然是不可以的，不是他太难管，而是我们的方法有问题。

3. 真正了解孩子的内心

并不是所有人的青春期都在叛逆，叛逆的孩子大多是那些在家里面总是得不到精神方面慰藉的孩子。做父母的一定要保持警惕，切不可觉得给孩子提供了很丰厚的物质奖励对孩子就已经足够了，父母应该走入孩子的心里去体贴他、关心他。

那些所谓的学习压力、社会影响仅仅是孩子叛逆的土壤，而最根本也是最重要的因素是因为孩子的精神得不到慰藉。所以，父母在生活中要学会用委婉温柔的语气和孩子说话。只有我们内心柔软了，学会好好地和孩子沟通，才能避免孩子产生叛逆心理。

给青春期孩子一个属于他们自己的空间

  青春期的孩子比任何一个阶段的孩子都更加渴望自由。由于身心的发展，他特别希望自己是个成年人，能够赶紧脱离父母的约束，希望自己可以决定他的生活状态，甚至是希望自己可以赚钱，通过实现经济的独立来实现真正的"绝对自由"。

  青春期就是孩子从幼稚慢慢走向成熟的一个过渡阶段，一个成熟孩子的重要标志就是独立，因此，孩子希望得到一个自由的空间是很正确的，也是非常应该的。

  所谓自由的空间到底是什么样子的呢？是帮他整理出一个属于他的房间，还是他的事情全部由他自己决定，父母一点都不参与？事实上，孩子有属于自己的房间很关键，可是他更需要的是心灵上的自由，期望被尊重，被理解，得到父母的认可。如果这种希望最后没有得到满足，他们就会和父母对着干，和父母吵架，发脾气，更甚者还会离家出走。

  因此，我们需要给青春期孩子一个自由的空间，让他在这种空间里慢慢地了解自己、发现自己、改变自己。

1. 要充分尊重孩子的隐私

妈妈打扫儿子高旗房间的时候，无意中发现他枕头底下有一本日记。趁着儿子不在，妈妈阅读了儿子的日记，里面有一小篇是关于测验失败的日记，引起了妈妈的高度关注。晚上吃饭的时候，妈妈忍不住好奇就问了这件事，高旗想肯定是妈妈偷看了自己的日记。为此，母子俩大吵了一架，高旗生气地夺门而出，妈妈说："你以后不要再回来了！"

作为父母，一定要尊重孩子的隐私，不要打着关心的旗号偷看孩子的隐私。孩子所谓的小秘密可能只是一件无关痛痒的事情，但那也是他的隐私，是他成长的痕迹，是属于他自己的心灵财富，是不容许别人发现的。对于孩子的关注应该完全通过和孩子交流的方式获得，真真正正了解孩子内心的父母，是不会偷看孩子的日记的。平时良好的沟通会让父母能够给孩子自由成长的空间，而且孩子也觉得没有什么需要隐瞒的。因此，良好的沟通就是要以不吼叫作为前提，做到了这些，那么孩子自然而然地就会更加信任父母。

2. 不要将自己的想法强加给孩子

刘女士每次和孩子交流的时候都强行让孩子听她的话。若是孩子自愿听她的话，她就觉得很舒心，若是孩子有什么反抗她的地方，她就会很生气地教训孩子一番，从而使孩子总是在听从和不听从之间犹豫，心里很委屈。假如父母总是将自己的想法强加在孩子的身上，孩子内心会感到压抑，从而对自己的父母产生很多的不满，表现出强烈的逆反心理。

青春期的孩子已经不是小孩子了，他有自己的思想，他希望有自己的选择权，他很反感被要求、被父母限制。因此，在和孩子说话的时候要以建议的口吻说话，而不是用命令的语气，只有这样，孩子才会有被尊重的感觉，才不会千方百计地想要摆脱父母的控制。

3. 给孩子的自由要有限制

我们主张给孩子自由的空间，并不代表我们可以不管他，实际上，孩子们总是渴望自由，可是一旦真的让他独当一面的时候，他也会表现出胆怯，这和孩子心智还没有发育成熟有着不可分割的联系。因此，这个时期的孩子更要获得有效的建议。

在一些不重要的事情上，我们应该让孩子自己做出决定，像吃什么、穿什么、周末去哪里游玩。在重大原则性的事情上，我们要帮助孩子把关，并且要尽量提出有意义、有建树的想法，帮助孩子摆脱困境。久而久之，孩子就会因为精神上得到自由而变得越来越自信，并逐渐成长为真正独立自主的人。

与不同年龄段的男孩谈"性"

青春期的男孩容易出现各种问题，如过早谈恋爱，有的甚至因为冲动和无知犯错。 对于男孩的性教育，父母如果能早期进行，男孩子就不会误入歧途。 可是父母们面对这些问题都不够坦诚。

男孩子之间经常会讨论类似的话题。 对异性同学身材的评价、对前卫杂志的欣赏，这些事情对于青春期少年有强烈的诱惑力，他们会充满好奇，想尽一切办法弄明白，不管你愿不愿意正视它，这都是真真切切存在的。

作为父母，要早些向男孩子灌输性的知识和观念，不要让他在探索的道路上犯错。

有一个孩子，因为这个问题经常萎靡不振。 对于原因他很清楚，同学之间也探讨过，发现大家都有这种现象，又不好意思告诉父母。 孩子已经成人了，父母完全没有意识，还把他当小男孩儿一样看待，对他造成了很大的困扰。

总的来说，爸爸和儿子交流这种问题比较顺畅。 不要再把他当不懂事的孩子看待，对孩子的身体健康也要时常注意，不宜太过疲劳。 在帮他们购买内衣时，以选择宽松舒适的为好。 如果父母不断躲避性的问题，事情只会越来越不可收拾。

父母要在孩子的不同年龄段进行不同的性教育：

1.6～9岁

这时候的孩子对性别方面会特别好奇，会问父母各种问题，父母一定要给孩子一个能理解和好接受的简单答案，以满足孩子的好奇心。 这个时候可以暂时不给孩子详细解释。 父母还要使孩子养成良好的卫生习惯。

2.9～12岁

在这段时间里，双亲要对孩子进行系统的性知识辅导。这时，爸爸要根据一些童话故事和自然现象，用比喻的手法来阐释性。 不要详细解释人类的行为，因为可能会对孩子造成不良印象和心理阴影。 对孩子进行性教育的时候，首先要进行道德教育，不要让孩子犯错误。

此外，男孩子与异性交往时，还要注意方式方法，父母须对其进行正确引导。

首先，要使孩子端正心态，有一个健康的交往，不要过于注重性别。 男孩和女孩进行异性交往是为了增加了解，相互学习，提高人与人交往的能力，使自己开阔眼界，使心理得到健康发展。 心无邪念，交往起来就光明磊落。

再有，男孩子的交往方式也很重要。 上课积极发言、课间之间的交流、课外活动等，都是他们与异性交流的平台。要培养集体精神，要使性格内向的孩子能大胆地和异性进行交流，消除自己面对异性时的羞涩和恐惧心理；对于善于交往的人，更容易在集体里如鱼得水。在集体生活中，每个人都有不同的性格特点，有的聪慧善良，有的幽默开朗，有的豁达稳重……孩子不仅仅在交往中学习了他人的优点，还开阔了自己的眼界。

最后，要提醒孩子注意自己的言行举止。与异性交往时要保持距离，过于亲密难免会引起情绪波动。如果感觉对方情绪不对，要互相提醒，及时调整自己的态度，然后恢复平静。

尽早发现孩子身上的"坏苗头"

一个罪犯回忆他童年的经历：

小时候，奶奶带我逛商店时，我顺手拿了一块面包。当时奶奶发现了，但她不仅没有说我，还带着我拿着面包走了。从那以后，我每次偷了同学的东西奶奶都不会说我，也没有把事情告诉我的父母。渐渐地，我偷的东西越来越多，从同学的橡皮和钱，最后偷到了社会上。我学会偷东西就是从那块面包开始的。

小时候，每当和同学闹矛盾或者欺负同学的时候，妈妈从不说我。有时被欺负的同学父母找上门来，妈妈也没有批评过我。所以，我认为欺负人没什么大不了的。因此，对我来说，欺负同学是常事，长大进入社会后，我更加肆无忌惮。妈妈看我这样不好，想要阻止，但为时已晚。我已经没有回头的机会了。

詹巴斗是美国斯坦福大学的心理学家，他曾做过这么一项实验：他在帕洛阿尔托的中产阶级社区和布朗克斯街区分别放置了一辆相同的汽车。詹巴斗把布朗克斯街区那辆车的车牌摘掉，打开汽车的天窗，那车不到一天就消失了。而在帕洛阿尔托停放的那辆，一个星期后仍然在那里好端端地停着。最后，心理学家把这辆车的车窗敲破，在很短的时间里，这辆车也消失得无影无踪了。

犯罪学家凯琳和政治学家威尔逊在此实验的基础上，于心理学上得出一个定理——破窗定律。结论是：若有人打坏了某栋建筑的玻璃，而后这玻璃又没有得到及时修复，有些人的心里就会有一种受到某种暗示的感觉，就会有更多的玻璃被打烂。时间一长，在这麻木的社会中就会渐渐产生犯罪。

父母要认识和重视这个定律，不要放任孩子在成长中无意犯下的错误，若父母对孩子犯下的错误视而不见，就会纵容他。用不了多长时间，孩子就会由小偷小摸发展到犯罪，从小及大，最终演变成无可挽回的大错。

孩子的事情没有小事情。父母眼中的小错，对孩子来说却是大错。父母如果无视孩子的这些小事情，就是对孩子最失策的教育。因此，在孩子第一次犯错时，父母一定要及时制止和纠正；在孩子有犯错的苗头时，应及时打压。

1. 让孩子成为一个好孩子，良好的家庭环境很重要

大多数欺负同学的孩子都没有和睦的家庭环境，很多都是父母离异，或者父母有婚外恋，或者父母经常吵架……

从另一个角度来看，那些对同学施以暴力的孩子也同样很

可怜。 对同学施暴的孩子几乎都有过被家庭暴力、惨遭遗弃的经历，他们由于各种原因无法把从家庭受到的屈辱发泄给父母，所以就将自己受到的虐待和痛苦转嫁到他人身上。 在施暴的过程中，他们达到了自己的报复和安慰心理。 他们施暴的对象大多是性格软弱或生活条件优越的同学，有时会是些没有反抗能力的小动物。

如果父母只是认为孩子不好，而不去改变他生长的环境，那么孩子就会"作恶"。

孩子在批评的环境中成长，就会埋怨别人；

孩子在敌意的环境中成长，就会施行暴力；

孩子在嘲笑的环境中成长，会使他变得难为情和不自信；

孩子在羞辱的环境中成长，会使他变得自责和懦弱；

孩子在忍受的环境中成长，会使他遇事只会忍耐；

孩子在鼓励的环境中成长，会使他对自己充满信心；

孩子在赞扬的环境中成长，会使他认为自己最棒；

孩子在公平的环境中成长，会使他充满正义；

孩子在安全的环境中成长，会使他对别人充满信任；

孩子在赞许的环境中成长，会使他学会自爱；

孩子在互相承认和友好的环境中成长，他就会从世界上寻找爱。

——心理学家诺尔蒂

2. 父母要警惕孩子早期的攻击性心理

小风和苗苗正在画画，突然小风发现自己少了一只红蜡笔，而苗苗的笔盒里正好有一只，所以他拿过来，并且说这是他的。苗苗不愿意给他，小风就把苗苗画的东西全都扔掉了，还对苗苗拳脚相加。

轩轩刚7岁，冲动好斗，自由散漫，对谁都不客气。刚上一年级不久，他就全校"闻名"了，是全校出了名的捣蛋鬼，学习成绩出奇的差。同学们都不喜欢他。他不遵守课堂纪律，对同学不友好，男同学玩时他捣乱，或者把女同学的橡皮筋扯得特别长，要不就故意冲撞迎面走来的同学，容不得别人说他，一说就对对方拳打脚踢。

亮亮成绩不好并且性格乖戾，手和脸经常脏兮兮的；他总是欺负身边的同学，即使没人招惹他，他也会没来由地给同学一巴掌或一拳，还故意抢同学的东西；一点儿不尊重老师，根本不听老师的话。

若孩子经常出现攻击性心理，作为父母，一定要重视！他们因为欲望得不到满足而产生攻击心理，以攻击别人而达到自己心理的安慰和快乐。 这种心理在不同的时期有不同的表现形式。 这种心理在行为上的表现方式有：在幼儿时期主要表现为吵架，以身体上的攻击为主；有些年龄大一点的孩子会在言语上对别人造成心理伤害。 这种心理从性别来分，男孩多用暴力攻击，女孩则是言语攻击。

形成这种心理有三个主要原因：第一，来自遗传，可能有些基因缺陷被这些儿童所继承；第二，父母的过分宠爱也会促使"小霸王"的形成；第三，所处的环境。班杜拉是美国心理学家，他经过一系列实验得出结论，有些孩子很容易模仿这种心理，假如孩子经常看含有暴力元素的电影，玩电子游戏或者是同有暴力倾向的人接触，就会使这种心理得到强化。这种心理会影响孩子的性格乃至整个人生，如果不及时纠正，在孩子成年以后，他有可能会人际关系不好，社交有障碍，容易走向犯罪的道路。

　　以下有几种好的方法可以预防孩子形成这种心理：

　　（1）父母不用攻击性的言行，形成良好的家庭氛围，尽量多抽出时间陪孩子。

　　（2）不让孩子接触有暴力元素的电影、电视剧，不给孩子买有攻击性的玩具。

　　（3）不要对孩子的攻击性行为做出正面的回应，要看到自己的孩子也有不对的地方。

　　（4）让孩子正确宣泄情绪。

　　（5）养些小宠物，培养孩子的善良性格和耐心。

　　（6）教孩子学会换位思考，让他想想假如自己被别人欺负的感受。

给孩子一个健康的上网环境

有些孩子沉迷在网络世界里，不愿回归现实，因为很多现实中的事情让他们无法理解，不愿面对，父母离异、成绩太差、人际关系不好等，孩子们最后找到了一处能宣泄自己烦恼的地方——网络，但这个逃避的方法是最失败的。有这么一个真实的故事：

> 11 岁的小勇上小学五年级，性格内向，可是在父母眼里，他是个不听话的孩子——一心就想着上网，经常逃课去网吧。小勇完全是偶然地迷上了网络。今年 4 月，班长发现小勇没戴红领巾，罚他抄写"以后记着戴红领巾"500 遍。小勇哭着抄了 300 遍，但实在抄不下去了，抄不完他不敢去学校，就来到书院街附近的网吧躲避。这一躲避，使他爱上了上网。以后，他经常逃课去网吧玩。小勇爸爸知道这个情况之后，教育不成就打骂，可他就是断不了网瘾。为了不让他去网吧，父亲给他买了台电脑，避免小勇在网吧学坏。这样一来，小勇放学后很快回到家上网。除了上网，他再也没有其他的爱好。

让小勇父母生气不已的是，小勇的网瘾越来越大。他们每次工作完回到家都已经是半夜了，到家后，却看见小勇还坐在电脑前面——孩子早上起床后就没离开过电脑。

说到上网，小勇的话就立即多了起来。小勇说自己最喜欢打游戏。除了喜欢游戏以外，他还爱聊QQ，把QQ界面整合得十分好看。他用时下最流行的火星文做网名，问他有什么意义时，小勇坦然说不知道，从网上粘贴的。说高兴了，小勇透露了一个小秘密，原来，他在网上认识了一个网友，两人很聊得来。

每次父母督促他学习时，他只是拿出字帖随便写几个字而已。小勇父亲说他们努力工作，只希望能让小勇过上好日子，但是现在真是不知该怎么办才好……

小勇当初用网络逃避班长的指责，茫然的他在虚拟世界里找到乐趣并深陷其中。若我们的孩子有这种情况，应该如何教育呢？

父母齐动员，帮孩子创建一个健康的上网环境，以下方法可供参考：

（1）父母之间要保持良好的关系，尽量不要吵架，最好不要在孩子面前吵架。幸福和谐的家庭氛围是最好的教育法宝。当孩子在学校受到挫折时，父母要引导他说出自己的困惑和想法，大家来帮助解决，使他从虚幻的世界回到现实生活中。一家人经常坐在一起，以讨论的形式来解决孩子遇到的问题，比方说受到同学欺负、和同学闹矛盾、不讨老师喜欢、学习跟不上等事情，以这种方式来改变他错误的认知。周末最好带孩子出去游玩，放松心情，让父母的爱和家的温暖代替网络里的虚拟世界，使孩子自己逐步减少上网时间，跟爸爸妈妈在一起感受家的温暖。

有些父母说自己的孩子一点儿也不善解人意，让父母觉得孩子不爱自己，家里不幸福。作为父母这样说，其实你们的孩子也许会想他没有一对好的父母，也认为自己很不幸呢？大家互相信任、相亲相爱才会幸福。爱是需要相互付出的，是将心比心的。

（2）要想帮助孩子走出网络的虚拟世界，只有父母两人的努力是不行的。要观察孩子身边的朋友，想办法让孩子离开那些有着不良习惯的孩子，认识一些好的孩子。让孩子尽量多跟好孩子接触，从而使他形成正确的价值观，只把上网当作生活的一小部分，养成健康的习惯。

（3）与此同时，孩子也可以向自己求助。父母要在日常生活中注重培养孩子的自制力，提醒他遇到问题时要冷静，当他们运用这种思维的时候，让他明白遇到问题时选择逃避是最坏的选择！假如把希望寄托给虚幻世界，就是死路一条。还不如找一些健康的事情来替代它，例如跑步、欣赏一段音乐、看书，把自己的喜怒哀乐表现出来，把网络只当成一种使用工具，这才是解决问题最好的方式。

父母要让孩子知道网络潜在的两种危险：第一就是接触网络的危险。我们无从得知对方的想法和动机是什么。第二是网络上内容的危险性。网络上的一些不健康的东西，比如暴力信息等，很容易对孩子产生影响。若父母毫无防备，无法察觉到孩子浏览的内容，就会导致孩子做出危险的行为。孩子在网上畅所欲言，留下了"数字印记"，这些印记会成为电子档案伴随孩子一生。

对比较小的孩子，父母要运用一些适当的方法，让他能够清楚地意识到网络的危险性。爸爸妈妈可以给他讲一个体现网络危险性的故事，如：由于机灵猫专注于网络游戏世界，错过了很多次逛北京故宫、天安门的机会，最终连他最想看的奥运会开幕式都错过了。

说完故事，父母可以用交流和讨论的方式和孩子交流上网的利弊，让孩子明白网上的世界很虚幻，并不全都是真的，一些看似美好的东西其实充满着陷阱。父母要教孩子学会在网络的好处与坏处之间寻找一个平衡点。

别让孩子陷入追星的"旋涡"

　　得知某明星晴要来开演唱会，那些追星的孩子兴奋不已：
"哇，我的偶像来了！"

　　"不吃不喝也要攒钱买演唱会的票啊！"

　　在 20 世纪 80 年代，追星这一现象渐渐在青少年中蔓延，
那时已经用"追星族"一词来形容这一现象，就说明了这个现
象对人们的影响正在慢慢扩大。

　　随着改革开放的逐渐深入，"追星"热情高涨，引发了很
多不良的后果。媒体上常常出现这样的报道，因迷恋明星导
致有些孩子变得痴狂，学业荒废，不仅花了好多钱，还出现了
心理问题，有的甚至失去生命……

　　对于这一现象，家长要引起足够的重视并进行正确引导。
当然，对这一现象要有科学的解释，这才是进行正确引导的前
提和方式。

　　"追星"是一种社会现象，是在年轻人群中极为流行的时
尚，这一现象的出现和发展与社会基础、文化氛围、普遍价值
观等有很大的关系。孩子们普遍崇拜英雄和明星，因为他们
缺乏自制能力和分辨能力，所以还会陷入对明星盲目的崇

拜中。

崇拜本身没有错，但盲目崇拜却不对，对于盲目崇拜，不管崇拜的是什么，都会迷失方向。因此，我们必须将孩子的这一问题及时纠正。有些父母会问："那我们要怎么做才好呢？"下面给父母提一些建议。

1. 理解孩子，并为他选对崇拜对象

对于崇拜对象的选择，父母们其实能帮助孩子很多，要抱着学习的态度理性对待偶像，进而利用孩子对名人的崇拜心理进行教育，这样效果会更好。孩子所崇拜的偶像要具有优秀的品质和精神思想，这直接影响着孩子，让他们正确对待生活、事业和未来，并且使他们知道在面对失败、挫折或者成功时应该怎么做。

父母若是可以站在孩子的角度去思考问题，将心比心，让孩子信任父母，孩子就会跟父母说自己的心里话。如此一来，父母就可以掌握孩子的动向，帮助他排忧解难，对孩子正确的地方给予支持、错误的地方及时纠正，把他的发展方向引向好的方面。

最重要的是，父母不要把孩子当成另一个自己，要尊重孩子的想法，才能做到良好的沟通。

2. 疯狂一点，与孩子一起去追星

大多数孩子都喜欢各种娱乐活动，追星只是他的天真想法。父母害怕孩子追星而误入歧途，其实自己可以和孩子一起追星，父母一定要了解孩子的偶像，才能和孩子有共同语言，和孩子进行良好的沟通和交流，这样对孩子的教育有重大

意义。

有这样一位妈妈的做法就相当高明，值得我们借鉴：

> 儿子一直很喜欢周笔畅，只要听到她唱，便跟着哼哼，甚是开心。他的妈妈坐到他的身边说道："儿子喜欢的明星妈妈也很喜欢呀。"由于妈妈总是说周笔畅很好，所以儿子每次都非常兴奋。这样，儿子和妈妈就无话不谈了。他们从这个明星说到那个明星，进而说起了每个明星的优点、缺点，应该向哪个明星学习，不应该盲目效仿谁……

父母们不妨学学这位母亲的高明之处。假如我们粗暴地制止孩子，只会和孩子对立起来，不但无法让孩子回头，反而会酿成悲剧。

3. 积极引导，给孩子讲一讲明星们的奋斗史

> 在香港电影圈里，人们都管周星驰叫"星爷"，他是公认的"喜剧之王"，到现在为止，他已导演或出演了50多部电影，周星驰的名字似乎已经成为电影票房的一个保证。他的影片开创了香港喜剧电影"无厘头"的先河。
>
> 成功不是件容易的事情，周星驰早期也是从跑龙套开始的。
>
> 香港无线电视台播出《射雕英雄传》，主演是当时很红的偶像黄日华和翁美玲。周星驰在里面只演了一个小角色，这是他第10次跑龙套。他在这部戏里没有任何台

词，一出场便被梅超风一掌劈死。

《天龙八部》里有一集，萧峰带领 18 名随从前往少林寺，在原著中，他们被称为"燕云十八骑"，其中之一就有周星驰，当大家指责萧峰的时候，他本想上前辩解，但却被萧峰制止，于是他咽下肚里的话，没说一句对白就默默退下了。

类似的角色他曾经出演过很多，但是大多数都是这样跑龙套的。最终，他在片场被李修贤发现，凭借《霹雳先锋》红遍大江南北。1990 年，周星驰在他的一部电影中突发奇想地使用了自己的名字"星仔"。与此同时，他自创的个人化的戏剧表演风格开始显现出来。之后，他在和吴君如一起演的《无敌幸运星》中表现出色，他独门的喜剧表演得到了充分发挥。

周星驰曾说过："没有一个人生下来就是个大明星，每个人都是从小角色做起的，哪怕是一个小角色，只要你演好了，也能获得非常出色的成绩。"类似这样的明星其实很多，他们克服了别人无法承受的困难，很有忍耐力，最终获得了很高的成就。 父母可以利用某个影星给孩子讲述一下明星做人做事的成功之处。 通过父母的引导，孩子便不会很肤浅地追星了，而是真真正正从他们身上学到东西，来深刻影响自己的价值观。

正确看待孩子的变化

　　莉莉这个孩子又乖又听话，学习很好，人缘也不错。父母日常上班工作很忙，她从来不埋怨父母，还帮忙打扫屋子。她的父母真是倍感欣慰。

　　可是，最近她的父母碰到了一件棘手的事。

　　事情是这样，有一次，莉莉收到邀请参加同学的聚会，为了调动活动的气氛，她去打耳洞，画了烟熏妆，甚至穿着露脐装。当她回到家里时，父母简直不敢相信自己的眼睛。他们对女儿的做法很诧异，他们很不理解：好好的一个乖女儿怎么变成"坏女孩"了？

　　在大多数父母眼中，好女孩和坏女孩的区分标准就是：好女孩清秀庄重，不化浓妆，语言得体；而坏女孩则自大招摇，浓妆艳抹，说话粗俗。 表面虽是这样，可内心深处的好女孩与坏女孩谁又分辨得清呢？

　　"好女孩"未必就好，"坏女孩"也未必就坏。 作为父母，要先从女孩的心理入手，若是以自己的观念标准给女孩戴上不必要的头衔，只能让她们与我们的距离变得越来越远。

就像文中的莉莉，她平时低调，同学宴会上却很张扬，这并不证明她变坏了，反而表明她社交适应能力很强。

当父母发现女孩的"变坏"征兆时，其实不必大惊小怪。你只有保持平和并且理解她，她才会知道分寸；你若是着急，训斥她，她反而会越加"变坏"。

> 李强下班后准备和同事一起去看电影《蝴蝶君》。影片主要内容是说一个外交官为一个中国京剧女伶而痴迷，两个人相爱后结婚的故事。可是直到结局，外交官才发现，他深深迷恋的这个女人不仅是间谍，而且还是一个"他"。
>
> 相隔一些日子后，正读大学的女儿和他谈起这部影片，他不以为然地说："那种电影你怎么可以看?"女儿好像很生气，反驳道："为什么不可以?"
>
> 说出这些话后女儿有些后悔，她感到父亲会和她吵起来或者直接打她。可结果出乎意料，李强并没这么做。

李强的包容解决了父女之间的代沟，这其实并不容易!相反，其他的父亲在发现女儿"变坏"之后训斥女儿，只会激化亲子矛盾，甚至使女儿真正变坏。

1. 当父母发现孩子偶尔"变坏"，应该持有包容之心

发现孩子偶尔"变坏"，父母应该用平常心对待，这是正常现象，是孩子成长中不可避免的。从某种程度上来说，这甚至显示了他有较强的适应能力。若父母能包容他偶尔的"变坏"，那么孩子就会向着健康的方向发展。

相反有的父母性子急，一旦发现这种行为，丝毫不给孩子机会解释，这其实是一种武断的做法。想发泄怒气而打骂孩子，缓解情绪，反而不会有任何的教育效果。

2. 快速提升孩子的社会适应能力

父母要留更多机会和孩子交流，让孩子与邻居家的孩子玩，或者参加宴会，这样能够满足孩子渴望得到他人接纳与认同的意愿。

一般孩子喜欢与他人交往，可是若不懂得交往，不学习"入乡随俗"，不仅不会得到认同，反而会受到冷落或孤立，这会为孩子在社会上的发展埋下隐患。其实，父母可以告诉孩子："当你与对方穿着同样的服装或与对方表现相似时，那么对方就会觉得你和他的思想、地位是相似的，对方自然会对你产生好感。在宴会上，当大家都表现得很张扬的时候，你也要张扬一些，和大家保持一致。"

让孩子正确对待减肥

近几年，父母们对厌食症耳熟能详。青春期厌食症，也称为青春期消瘦症或神经性厌食症，常见于青春期孩子。

他们拒绝进食，长久不进食也不觉得饿，不仅精神萎靡不振，还整天昏昏欲睡，身体日渐消瘦，导致月经中断，身体虚弱，甚至还有其他身心病状。发病过程大致可以分为两个阶段：前期表现为不愿意进食，后期则会对食物产生神经性的呕吐反应——食物一沾喉咙就呕吐，甚至一看到食物就吐。

伟玲今年 12 岁了，她不仅聪明伶俐、学习很棒，而且反应也很快。

有一次，她的同班女孩亲手做了一条裙子，于是她也用了一个周末的晚上赶制出了一条花裙子。她的父母和邻居都很喜欢她。

伟玲从小喜欢跳舞，每当周末学习舞蹈时，老师都会夸奖她。

她喜欢舞蹈，而且父母也很支持她，所以她从小学二年级开始就从普通小学转到舞蹈学院学习。之后的几年，伟玲得到了无数的奖项，尤其以独舞和芭蕾舞最为擅长。

最近，学校为了限制孩子们的体重命令孩子不可以多吃。可是大多数孩子仍会在被子里偷吃，但伟玲再饿也不偷吃，她总是非常听话。无论天气怎样，伟玲每天都会坚持做将近两个小时的运动，父母都为她的卓越成绩感到骄傲。可是，他们却没有注意到伟玲的胃口一直不太好。

到了夏天，伟玲的饭量越来越小，还开始胃疼。渐渐地，伟玲的体重从原来的 70 余斤直降到不足 40 斤（身高 156 厘米），甚至最低只有 35 斤。

伟玲说她不希望体重增加，自己也没有任何食欲。父母很着急，但仍然无法让她进食。

妈妈哭着说，女儿早晨连 1/5 的小蛋黄都吃不下，有的时候，甚至一天什么都不吃，吃了也会吐出来。

伟玲对于吃东西看起来没有一点兴趣了。

她说："小时候，在舞蹈学校时想吃老师不让，逐渐就不吃了。现在，我从来都不会觉得饿。"

盲目减肥的孩子，患上"厌食症"的概率很高。这种厌食症，并不是有病而吃不下饭。相反，孩子们身体健康又聪明努力，并且还很早熟。

患有厌食症的孩子饭量会突然减少。情绪低落或身体不适只是暂时没有食欲，这并不稀奇。可如果长久持续的话，就必须注意了。孩子一旦患上厌食症，就会始终不满意自己的体重，一旦体重增加一点，就会惊慌、焦虑、抑郁。只有在接连几个星期里体重都持续减少，他才会感到满意。

在家里，当父母发现孩子"进食不正常"时，必须早点解决。因为厌食症是导致体重急剧下降甚至死亡的心理疾病，在情况恶化之前，最好给孩子一些帮助。

1. 告诉孩子盲目减肥的一些危害

（1）父母要告知孩子太瘦不益，告诉他们太过消瘦会影响人的身心健康。劝说的话最好由医生或者孩子比较信赖的人来讲，这样效果更好。如果孩子的厌食症处在初级阶段，告诉孩子关于消瘦的知识就能使情况好转。

（2）及时补充营养。厌食症的孩子很多都营养不良，严重的营养不良可能导致生命危险。所以，补充营养是关键。

（3）要让孩子增加自己的休息时间。即便是感到自己很有精神，但也可能已经过度消耗体能了，所以在孩子恢复正常进食之前，要尽量避免参加补习班等，让孩子的体能得到恢复。

2. 为孩子提供一些健康的减肥方法

（1）运动减肥。燃烧脂肪可以通过适量运动，运动可以保持优美的体形，塑造苗条的身材。运动是最好的减肥方法，同时对预防很多疾病也有很好的作用。每周至少运动3次，每次不少于40分钟。以快走、慢跑等中等有氧运动最佳。此外，还可以利用一切可能的运动机会让自己动起来，如上下班走路或骑自行车，走楼梯而不乘电梯等。

（2）喝水减肥。正确喝水也可以减肥。这里喝的水是指开水和矿泉水，而不是增加能量的高热量饮料。每天至少喝2升水，起床后、早餐时、上午、午餐前以及午餐后、晚餐前后各一杯，且以慢慢饮入为佳。

（3）饮食调节。 多吃水果、蔬菜和乳制品。 不能让孩子节食，这样会极大地伤害青春期孩子的身体。

（4）瑜伽减肥。 如果条件允许，瑜伽也可以减肥。 每周做3～4次瑜伽，不仅可以强健肌肉，使身体既柔韧又灵活，还可以保持苗条的体态。

跟孩子讲，选择减肥方案时，首先要考虑自身的健康问题。 如果人不健康了，那也就无所谓美了。

和不同年龄段的女孩谈"性"

　　成绩一向优异的小迪到了初中成绩却下滑了，甚至开始厌学。起初，妈妈还以为是学习压力使她不能适应初中生活。但就这样过去了三个月，情况仍没有好转，班主任着急地给小迪的妈妈打电话，说小迪上课总是走神，有些魂不守舍。小迪妈妈终于着急了，母女俩约好周末谈谈。没想到不等她张口，小迪便哭了："妈妈对不起，我是个道德败坏的坏女孩。"

　　女儿这样说把妈妈吓坏了，妈妈赶紧搂着小迪，对她说："宝贝，赶紧告诉妈妈发生了什么事，不管发生了什么妈妈都是和你一起的。"

　　小迪说："从小学高年级开始，我总是幻想性。一开始还能控制自己的理智，但逐渐就控制不了了，每时每刻都在想象关于性的东西。其实我也不想这样，可就是不知道怎么控制自己的思想。"

　　小迪说，整件事让她感到痛苦，她认为自己小小年纪就在想这些事情，实在是道德败坏，所以不敢跟人说，害怕别人瞧不起她。

妈妈听完也不知所措。她很费解：女儿的脑袋里什么时候有了这种下流东西呢？

实际上，小迪的这种状况属于典型的强迫症倾向。如果她能够早早了解"性"是什么，就不会因为"性心理"被压抑而变成现在这样了。在这里要纠正一下小迪妈妈的一个错误观念，性是人的正常属性，而她的观点已经过时了。

父母教育的失误是产生这种错误思想的根源。性本身并不下流，父母也不能让孩子产生这样的想法。应当正确地对待性，将其当成一种正常的生理现象，而非一种神秘龌龊的东西，这样才不会让孩子走弯路。

好奇是人类的天性，而对性的好奇心与对其他事物的好奇心一样，这不能被称作龌龊。但是有关性的话题依旧需要严肃对待，因为这关系到孩子将来的身心健康和自我控制能力等。常规情况下，这些话题由母亲和女儿讨论更容易开展。父母千万不能产生"孩子永远是孩子"这种错误想法，而对孩子的关心，也最好是提醒他们保护身体，抑或选择宽松的内衣穿着。

1. 不同年龄段的女孩，性教育的内容也要不同

父母对于女孩的性教育，要根据她的年龄而定。

对于不到 5 岁的女孩，性教育主要是要她明白男孩不同于女孩。妈妈可以在洗澡时或睡觉前很自然地让女儿认识自己

的身体，别把女孩当成男孩养，否则女孩有可能会从小对自己和异性认识不清。

当女孩5～7岁时，她会问父母关于男孩与女孩差异的问题，这时，父母应该根据事实，简单明了地进行说明，但不必过于详尽。

当女孩到了6～12岁时，父母就要对孩子进行系统的性教育。不必太过直白，可以用隐喻的办法，比如可以这样说：一位漂亮的姑娘将一粒西瓜籽种在地里，然后每天施肥、浇水，种子就长出了叶子。到了夏天，叶子上开出了小花，花就结了小西瓜，小西瓜越来越大，熟透了就变成了香甜的大西瓜。妈妈肚子里也有一颗西瓜种子，在妈妈的精心哺育下，种子慢慢成长，10个月后就长成了一个小人，然后妈妈就把她摘了下来，这个世界上从此就多了一位美丽的女孩。在这个阶段，在讲授性知识的同时，父母还需要对女孩进行性道德教育，教给女孩性保护的知识。

2. 妈妈有时也要视而不见

曾有人做过这样一个实验：把同学们按性别分成男女两组，两个小组纪律都很松散，效率低下，男生互相追打，女生懒散无力。后来将两组合并为一组，情况就变了：同学们的劳动热情非常高，互相帮助，还开始互相比较。结束时，同学们自己也说："有女生在，干活就是有劲！"

这就是被称为"异性效应"的现象，也就是我们平常所说的"男女搭配，干活不累"。在一定程度上，与异性朋友结交可以激发一个人的潜能，使之行为敏捷、思维活跃。 男女一起参加劳动，人们就会感到非常愉悦，乐于工作，效率也会提高。

具体的，我们应该如何利用"异性效应"来培养孩子呢？

（1）利用"异性效应"取长补短，丰富完善个性。 男孩进入青春期往往勇敢刚强、果断机智，不拘泥于细节或者不计较小的得失，好问、好想、好动。 当然，也有粗暴骄横的男孩。 女孩往往感情细腻、文静怯懦、举止文雅、委婉、灵活。 异性相互交往，往往能够通过他人发现自身的不足，更有利于相互学习、取长补短，使自己的性格更加完善。

（2）利用"异性效应"提高学习与活动效率。 男孩习惯于抽象化的思维方式，概括能力较强；而女孩多倾向于形象化的思维方式，观察细致，富有想象力。 男女在一起更能互相启发，活跃思维，拓展思路，往往能触发出智慧的火花。

（3）利用"异性效应"提高自我评价的能力。 在青春期，由于性意识的发展，孩子们对异性同学（尤其是自己喜欢的异性）的一颦一笑、一举一动都会更加留意，喜欢对异性同学评头论足，也非常在意异性对自己的评价。 有个班级宿舍卫生不好，很多学生不叠被子，床铺乱七八糟，于是老师想了这样的办法，每个学生的床都贴了自己的名字，让男女生互相检查宿舍卫生。 由于谁也不想被异性同学看到出丑，因此宿舍卫生大为改观。

由于"异性效应"，青春期的男女学生渴望被异性关注，希望自己的特点能够得到异性的喜爱。 这种相互激励就成为"促进剂"，促进了他们的学习和生活。 如果你不能让你的孩子意识到与异性交往的这种积极作用，就有可能使他拒绝、远离异性，高傲地将自己封闭起来。

远离网络上的 "真爱"

"网恋" 让很多父母头疼不已。父母也十分费解，现在的孩子们怎么了，网络为何让他们难以自拔？尤其让父母担心的是，很多孩子开始网恋，而且无法阻止。有些孩子甚至因为网恋导致自己的生活从此有了很大变化。

初一女生小灿在班里是学习尖子，老师父母都喜欢她。为了让小灿眼界更加开阔，父母给她买了电脑。小灿完成作业后喜欢上网。后来，她听说网上交友很有趣，出于好奇，她开始交网友，无意中被无业男李某发现了。"你是天上的月亮，我就是陪伴在你身旁的星星。""你知道我时时想着你吗……"这是对方发来的话，不谙世事的小灿就这样被花言巧语迷住了。随着网上交往的频繁，两人约了地方见面，很快就坠入爱河。外出私会，信誓旦旦的许诺，让这名少女精神恍惚，成绩也一再下降。为了和网上结识的 "他" 私订终身，12 岁的她竟携带家中的存款离家出走。不料，李某的真实身份却是玩弄女学生感情的"交友老手"，在将这笔钱财挥霍一空之后，他便交了新的女友。小灿就这样因为网恋思想颓废，荒废了学业。

青春期的孩子对社会、对爱情有着不切实际的憧憬，判断力、成熟度较差，容易被那些虚构的凄美动人的网恋小说、网恋故事所感动。于是，不少孩子以为知音存在于网络聊天室中，自认为拥有网上知音是一种精神刺激和满足，是心情自由放飞的空间。他们沉迷于网上交友，迷恋网络小说。先是出于好奇，进而模仿，直至沉迷其中不能自拔。小灿的变化正印证了网恋的悲剧。

孩子透过虚拟的网络与人谈情说爱是非常危险的，因为虚幻的爱情而沉迷，想入非非，脱离了现实，容易造成异常情绪，引发严重后果。如果孩子长期游走在这种虚无的爱情里，只会变得玩世不恭、萎靡不振，甚至还会误入歧途。

孩子沉迷"网恋"是现实中的诸多因素的共同作用，他以为"真爱"在网络里。综合来说，以下的三种原因最为主要：

（1）现今的父母一心用在工作和赚钱，很少关心孩子。父母见了孩子往往会问："你有没有零花钱？""你最近成绩怎么样？"却不关心孩子的内心。现实中，孩子得不到父母的关爱，自然会感到孤独。如果这时网上恰好有人关心他，他又怎么会割舍这段"网恋"？

（2）未成年的孩子思想单纯，自我保护意识不强。他们好奇爱情究竟是什么样子，从而把爱情想象得过于美好，又受很多青春偶像剧的影响，因而对网络爱情心生向往。

（3）学校和家庭对于孩子的早恋现象严加禁止，这导致他们转向网络，在网上和自己想象中的人充分地享受自由。网络中的人只要花一番心思就可以令很多孩子为之心花怒放，完全陶醉于这种虚幻的爱情之中。

1. 父母想让孩子远离网恋，就要给他足够的爱

父母要给孩子足够多的爱，最要紧的是关注孩子的成长。多陪他聊天，可以聊聊发生在学校的一些事，认真聆听他的心声，同他分享快乐和忧伤。要知道，在物质上无休止地满足只会使你离孩子的心越来越远，唯独精神上的关怀才会使他健康向上。网上有不可思议的世界，却没有孩子所需要的真正的爱。如果你给他真爱而让他健康成长，他怎么会不回头呢？

许多网恋的发生，原因是家里缺少亲情，父母吵架的声音让孩子难以忍受……在家受了伤之后，便要找个能够治愈伤口的地方，那就促使了网恋的发生！

既然父母如此爱孩子，那么为何不营造一个和谐温馨的家呢？或许，只要父母之间减少争执，孩子感受到家的温暖包围着他，就不会再思考网络爱情的事了。

2. 转移孩子的注意力，让他拥有更丰富的生活

在孩子的学习之余，父母其实可以和他共同完成一些事

情，比如一家人去野餐、一起准备晚饭等。 父母也可鼓励他多些爱好和兴趣，让他把兴趣从电脑转移到其他方面。 同时，让孩子接近大自然，忘情于阳光、沙滩、海浪、草地、森林之中，融入自然的轻松环境中。

青春期，理解万岁，欣赏万岁

　　近日，武侠小说让驰俊着迷，他十分迷恋书中那些侠肝义胆的武侠英雄。为了这个，父母每一次劝说他都是苦口婆心的，可是父母说一句，他顶嘴好几句。因为对武侠小说的迷恋，他甚至已经开始在课堂上偷看，老师都发现了好几次。

　　"我儿子小时候可乖了，又听话又懂事，他还得到过画画的奖！没想到他最后是这样的，现在他整天迷恋武侠小说，为了不让我们发现，他每天关了灯用手电筒看……"他的妈妈向别人哭诉。

　　很明显，现在叛逆的驰俊已经不是当初听话的孩子了。是的，叛逆与成长同在，叛逆是孩子发展过程中不可避免的一环。

　　孩子成长中会有两个叛逆期，第一个叛逆期是两三岁，第二个就是青春期。孩子在青春期里进一步发展了自我意识，慢慢形成了自己的价值观，这种价值观有时候不同于父母，如果父母不理解他们的价值观，他们就只能在同龄人中寻求共鸣，因而疏远父母。 这个时候，如果父母介入孩子的生活，他们就会蛮横地要求反抗，要求独立。 反抗有很多形式，轻者就是不和父母说话、顶嘴、离家出走，严重的甚至还会犯罪。 其实，青春期的叛逆标志着孩子的顺利成长。 因此，孩子说"不"是很多开明的家长所看重的，孩子有自己的想法是他们所鼓励的。 可是很遗憾，很多传统的父母还是无法接受这一点，他们觉得"听话"是孩子最好的状态。 当孩子开始反抗的时候，他们就非常焦急、恐惧。

当孩子处于叛逆时期时，不要对孩子发火，而是给他足够的自由。 不妨装一下无知，不要总是告诉孩子怎么做，而是放手让他按照自己的想法去做；要欣赏孩子的变化，并试图夸奖孩子做得成熟的地方；要给孩子更多"独立的空间"，要学会闭嘴，不要过多干涉孩子的生活方式；虽然，父母有时候也需要温柔地坚持，青春期的孩子认识还不完全，很容易犯错误，例如孩子整夜到网吧上网或者早恋了，这时候父母就需要温柔地坚持了。 但是，对于青春期的孩子，父母还是应以理解为主。

很多父母都只是在生活中给予孩子关怀，可是却无法平等地对待孩子、关注孩子的心理健康。 有一份调查显示：绝大部分儿童的心理问题都是由于家庭原因引起的，尤其是父母对孩子不正确的教育方式引起的。 此外，不懂倾听孩子的想法也阻碍了孩子交际和语言的发展。 当孩子把学习和生活上的问题诉说给父母听的时候，父母稍有不满意就会打断孩子的讲话。 父母不给孩子说完话的机会，孩子只能把话吞回去。 偶尔，父母听孩子诉说的时候很机械，不能体会孩子在说这些情况时的情绪，这样一来，孩子就会觉得父母不够重视自己的想法，只能把秘密埋藏在自己的心底，这样，父母就更难知道孩子内心的想法了。 如果父母不尊重孩子的话语权，日子长了，孩子就会产生对抗父母的情绪，甚至最后彼此都不再信任彼此，那交流就更困难了。

积极倾听并不是指默默地在一边听。 平等的姿态是积极倾听的核心，要鼓励说真心话。 倾听者要暂时忘记自己和自己的各种观念，不管你是反对、赞成还是欣赏对方的语言和行为，首先你要无条件地接受对方的思想，积极倾听最关注的并不是话语，而是心理。 不仅要倾听他们的想法和情绪，也要引导对方把不满、悲伤、愤懑、快乐、喜悦等情绪宣泄出来。

孩子诉说的时候，无论多忙，你都要放下手里的活，看着孩子的眼睛，不要插嘴，你要表现得对孩子的话题很感兴趣。让孩子得以发表自己的观点，要完整地听他的话。 对待青春期的孩子更应该如此。

青春拒绝自伤

心理学家是这样解释年轻人的自虐心理的：年轻人在各方面都追求完美，一旦理想和现实产生了差距，就最容易使他们产生失落感。假如这种情绪得不到宣泄，长时间如此就会产生抑郁，进一步发展到自我伤害的地步。有很多自虐的方式，其中包括疯狂地文身、超时工作、节食或狂吃等方式，很多人以此来发泄自己的不爽。在电影《瘦身男女》中就有类似的情节，其中的女主角正是由于感情受挫而疯狂进食。

现在社会的现状，自虐的形式非常多，甚至还有人创办了自杀性网站。有网站专门提供自杀的方法，列举了服药、跳楼以及割腕等详细的过程，同时附有血腥的真实案例介绍。其中涵盖了前期准备、具体步骤等，甚至还有注意事项，确保能够一次成功，一进这种网站就毛骨悚然……此外，有人很喜欢结成小团体，团体内一旦有人尝试过并且劝说他人，一定会有很多人采取此类实践行动，久而久之自虐便成为一种趋势。

要找到存在感未必要经历疼痛。自虐并非时尚。有些人误把自虐当作一种时尚，以为只有这么做才能追随潮流时尚。其实，健康阳光的青春才是最美丽的。青春不需要自伤，我们要坚决抵制自伤的念头和行为。各种感情能让我们感觉到自己的存在。我们无法避免与他人打交道，我们从中可以提升自己的阅历，更能提高自己为人处世的能力。

在这个快节奏的社会环境下，人们很容易产生压力，我们可以通过以下几种方式来处理压力：

第一，要以平常心面对压力。现实造就压力，所以要以平常心面对生活。不同的人承担压力的能力是不同的。因此，很多时候换一个思路对待压力，就会产生不同的结果。就好像在同一工作岗位的人，有的人压力缠身，有的人则毫无压力。

第二，一点压力也没有并不是什么好事。无压环境下人会感到乏味。我们要用乐观的心态面对压力，它是生活中的正常现象。只有进行冷静客观的分析，采取合理的对策，增强遭遇压力时的承受能力，压力才能转变为动力。

第三，面对压力时要做好失败的心理准备。在生活和工作上失败是正常的。当自己想不开的时候，可以找人诉苦，或者找专业心理医生进行治疗。千万不要因为觉得丢脸而放弃，"有难同当可以减轻苦痛，有福同享快乐可以增倍"。只要学会用适当的方法调试压力，就能变成生活的强者。

告别青春期的迷惘

上中学的小孟最近非常烦恼。 胡子和青春痘严重影响他的心情，他老是感到烦躁和空虚。 无论白天晚上，他满脑子全是女生，让自己非常难堪。

这种现象是普遍存在的，人体一共可划分为九大系统。人体的发育也就是这些系统的发育。 可是这些系统并不是同时发育的，所以发育过程也分不同阶段。 其中，最晚发育的是生殖系统。 生殖器官从 9 岁发育到 20 岁。 人在这一时期完成了从儿童到成人的转变，就像春天一样生机勃勃，这就是我们所说的"青春期"。

人体的每个系统的发育不是同步的，因为生长素不能刺激所有的人体组织一起发育。 因此，出现身体结构不匀称是常见的事，如某个时期胳膊太长或者身材比例不协调等等。 这些变化都影响了外在的美观，青少年常常为此伤心沮丧，甚至会认为别人会因此而讨厌自己。 其实，大家不必过分担心，过了青春期，这些现象就会自动消失了。

不同国家对青春期年龄的界定是不同的。 一般，女孩要比男孩提前 1~2 年进入青春期。 此外，生活条件和心理状况对此也有影响，主要取决于营养状况。 人体生长的第二高峰就是青春期，生理上的巨大变化使青少年难以承受，他们会因此产生很大的心理变化。 "青春期综合征"就是这样来的。青春期综合征是青少年特有的一种生理失衡和由此引发的心理失衡病症。 其根源是性激素的急剧增高、自我意识的迅速增强、挫折的强烈反应等。

在生活中，青春期综合征分为以下几种：

（1）对异性敏感。 一般很容易将异性的好感误会为倾慕，误把自己对异性的好感当作爱情，从而带来不必要的误会。

（2）情感危机。 处于青春期的孩子情绪极其不稳定，自控能力比较薄弱，很可能因为受挫而做出不理智的事情。

（3）不稳定的心理状态。 考虑太多，心情烦躁，对一切都提不起兴趣，态度冷漠，火气很大。 陷入伤感之中、对自己不负责任。

严重的心理异常中并不包括青春期综合征，但是它严重影响青少年的健康成长和发展。 如果青少年得不到及时的开导，很有可能误入歧途，不能挽回。

处于青春期的孩子要注意以下几点：

（1）理性地对待问题，改正对自己的片面评价。

（2）直面自己、认可自己，有一个健康的心理。

（3）增强自己对新环境的适应能力。

（4）建立自己的人际交往网，多参加集体活动。

（5）时刻关注自己的身体状况，请教专家或老师。

高情商家教思维

1. 你是否注意观察过，孩子进入青春期前后有哪些明显的变化？

   _____

   _____

2. 你是否尊重孩子的独立空间？ 在孩子自由和管教方面，你是如何找到平衡点的？

   _____

   _____

3. 你会主动和孩子谈起"性"的话题吗？ 你会给孩子推荐一些关于性教育的图书和音像资料吗？

   _____

   _____

4. 当孩子出现一些不良行为的征兆时，你会采取哪些措施来进行矫正？

   _____

   _____

5. 当孩子沉溺于网络时，你会采用什么方法来转移孩子的注意力？

   _____

   _____